歴史文化ライブラリー
263

明治の皇室建築

国家が求めた〈和風〉像

小沢朝江

目　次

〈和風〉と〈洋風〉――プロローグ

いま「和風」がブームだという。エコロジー志向を受けてデパートでは風呂敷が売れ、「和」を加味したデザートも人気である。普段和服を着ない世代にも、夏の浴衣はすっかり定着している。「和食」「和菓子」「和服」「和室」「和紙」「和裁」など、「和」あるいは「和風」は、あるイメージを持って現代に息づいているようにみえる。

しかし、その一方で、あらためて「和風」とは何かと問われると、明確に説明できないことに気づく。

「和風」とは何か

試みに『広辞苑』を引いてみると、

和風…わが国在来の風習。日本風。⟷洋風

とある。これは他の言葉も同じで、

和服…わが国在来の衣服。きもの。↔洋服

和食…日本風の食物。日本料理。↔洋食

和菓子…わが国固有の菓子の通称。日本風の菓子。

和装…一、日本風の服装または装飾。二、日本風の装幀。和綴じ。↔洋装

など、いずれも日本の「在来」「固有」のもの、「日本風」のものと定義し、「洋」と対比して捉える点は共通するが、それが具体的にどのような形式なのか、説明されていない。つまり、何を日本の「在来」「固有」のものと捉え、「日本風」であると考えるかは、個人や時代にゆだねられていることになる。たとえば、寿司のカリフォルニア・ロールや、名古屋名物あんかけスパゲッティは和食か、洋食か。アイス最中やあんぱんは和菓子か、洋菓子か。捉え方は人によって異なるだろう。「和風」は、実はあいまいなものなのだ。

建築についても同様である。「和風」の名称は、幕末・明治における西洋の建築様式の導入を受け、それまで唯一の存在として特定の名前を必要としなかった日本の在来の建築(様式)を、外来の建築と区別するために付けられたと説明されてきた。とすれば、現在の「和風」は、江戸時代以来の姿を継承していることになるが、現実には明らかに近代以降の要素も混在する。

本書は、近代における天皇・皇族の住まいを通して、「和風とは何か」を考えるものである。ただし、その目的は、前記のようにあいまいな「和風」に厳密な定義を与えるためでは決してない。むしろ、絶対的な条件がなく、「洋風」との対比でしか定義できない姿がなぜ生まれたのか、その背景を知ることが主眼である。まずは、「和風」は日本の「在来」のものであるという枠組みを捨てることから始めたい。なお、本書ではキーワードとして頻出する「和風」「洋風」を、以後〈和風〉〈洋風〉と表記する。

住宅における〈和風〉〈洋風〉の概念

ところで、近代住宅における〈和風〉と〈洋風〉の判断には複数の要素が存在する。

ひとつは、建築様式としての〈和風〉〈洋風〉である。これは構造や構法と密接に結びついているとされ、おおむね日本の在来の構法である木造・真壁《しんかべ》の形式を〈和風〉とし、これに対し煉瓦造・石造または木造の大壁《おおかべ》による形式を〈洋風〉とする。内部に目を転じれば、襖《ふすま》や障子で部屋を区切り、長押《なげし》や欄間《らんま》を用いる形式が〈和風〉であり、大壁に扉を設けて部屋を区切り、外廻りに上げ下げ窓や両開き窓を用いる形式が〈洋風〉といえるだろう。社寺建築に用いる組物《くみもの》や唐破風《からはふ》、高欄《こうらん》などが〈和風〉独特の細部であるのに対し、〈洋風〉もまたアーチやオーダー、ベランダなど独自の意匠を有する。

もうひとつは、生活様式としての〈和風〉〈洋風〉である。〈和風〉の生活様式が床の上に直接坐る「床座」であるのに対し、〈洋風〉の生活様式は椅子やテーブルを用いて生活する「椅子座」である。この生活様式の相違は、住宅内部の床仕上げに影響し、床座の場合は畳敷き、椅子座の場合は絨毯《じゅうたん》敷きや寄木《よせぎ》張りが用いられた。

建築様式としての〈和風〉〈洋風〉と、生活様式としての〈和風〉〈洋風〉は、まったく異なる意味を持つ。生活様式とはいいかえれば「どう住みたいか」を表すものであり、建築様式とは「周囲に対してどう見せたいか」を表すものである。ファッションにたとえるとわかりやすい。学生が就職活動に当たり一様にリクルートスーツを着るのは、その服が好きだからではなく、「社会人の卵」であり「良識ある大人」である自分を表現するためだろう。建築の様式や意匠も、住み手や施主の好みだけで決まるものではない。住宅は「生活の器」とよく言われるが、ただそれだけではなく、自分をどう見せたいのか、どう表現したいのか、その意志や欲望を映す鏡ともいえる。建築の意匠は、それを使う人や施主の思想、地位、身分を表現するために周到に選ばれるものであり、なかでも〈和風〉と〈洋風〉というまったく異なる様式のどちらを選ぶかは、その根幹の問題なのである。

さらに複雑なのは、〈洋風〉の建築様式の住宅の内部が、かならずしも〈洋風〉の生活様式、椅子座であるとは限らない点である。〈洋風〉住宅の日本への導入当初は、住み手の多くが外国人であったため、生活様式と建築様式はセットで取り入れられたはずだが、日本人への浸透とともにこの原則は崩れていく。したがって、現在の住宅にみるように、外観が〈和風〉でも、内部の生活様式は椅子座すなわち〈洋風〉の場合もあるし、外観は〈洋風〉でも、内部に床座すなわち〈和風〉の生活様式に対応する畳敷きの部屋が存在したりする。これらは、〈和風〉〈洋風〉の元になっているはずの日本の近世住宅や、西洋の住宅に比べると、無節操なほど自由に組み合わされる。建築様式と生活様式は、別のものと考えねばならない。以下、この二つの要素に注目してみてゆきたい。

天皇の空間

本書が対象とするのは、近代の天皇家・宮家の住宅である。宮家とは、皇位継承を補佐するために設置された家で、天皇とその家族にこの宮家と韓国の李王家を合わせて「皇族」と総称される。

近代において皇族は、明治天皇が明治維新後いち早く断髪し、洋装したことに象徴されるように、従来「〈洋風〉化の手本」と評価されてきた。その住まいである本邸は、「〈洋風〉化の推進者」としての立場を体現する絶好の媒体であり、このため他に先がけて洋館が建設され、〈洋風〉の生活様式が導入されたと理解されている。確かに、現存する皇族の住宅は、壮麗なバロック様式の旧東宮御所（現・赤坂離宮迎賓館）をはじめ、旧竹田宮邸（現・高輪プリンスホテル貴賓館）や旧朝香宮《あさかのみや》邸（現・東京都庭園美術館）など洋館が目立つ。

こうした常住の住宅だけではなく、天皇が地方を訪れた際の宿所である行在所《あんざいしょ》もまた、同様である。明治前期に行われた明治天皇の地方巡幸や、明治後期の皇太子（後の大正天皇）巡啓の行在所として、豊平館《ほうへいかん》（札幌市）や開成館《かいせいかん》（郡山市）、仁風閣《じんぷうかく》（旧池田仲博別邸、鳥取市）、興雲閣《こううんかく》（旧工芸品陳列所、松江市）などの洋館が従来取り上げられている。明治天皇は、巡幸の際、すべての行在所に靴を履いたまま上がり、椅子とテーブルを持参して、椅子座の生活を通した。軍服の騎馬姿を見せたことも含め、その行動は〈洋風〉を意識する。さらに、山形県令三島通庸《みしまみちつね》が、明治一四年の巡幸に当たり県庁・郡役所・警察署などを〈洋風〉で新築したように、巡幸・巡啓が地方に〈洋風〉の建築を広める契機となったとして、これらを「地方の鹿鳴館《ろくめいかん》」と呼ぶこともある。天皇や宮家は、〈洋風〉と強く結びついて捉えられてきたのである。

しかし、その一方、明治二一年完成の皇居（通称・明治宮殿、昭和二〇年焼失）が当時「日本風」と表現された意匠で建設され、天皇家の別荘である御用邸も、現存する沼津・日光田母沢《たもざわ》・箱根宮ノ下など大部分が〈和風〉であることも、また事実である。先述の旧竹田宮邸も、現在残る洋館に並んでかつては広大な和館が建ち、旧久邇宮《くにのみや》邸（一部現存、現・聖心女子大学パレス）のように和館のみで構成された皇族本邸も存在する。「皇族＝

〈洋風〉」は、実は現存するごく一部の住宅や明治天皇の強烈な印象に惑わされて、現在の私たちが抱いた偏ったイメージなのかもしれない。

天皇や皇族は本当に「〈洋風〉化の手本」であり続けたのか、また「〈洋風〉化」とは何を指すのか、その対極にある〈和風〉とは皇族にとって何なのか。その答えを得るには、宮殿・離宮・皇族本邸などの「常の住まい」に加え、行在所・貴賓室など各地で用意された「仮の住まい」も含め、多様な姿を通観する必要がある。これらは、いずれも天皇・皇族が用いる点は共通するが、建物を注文した施主は一方は天皇・皇族の関係者、一方は行幸や御幸を迎える人物や組織と異なる。前者には天皇側が望む姿が直接的に表現されたのに対し、後者にはそれを用意した人びとの抱く「天皇の空間」のイメージが具現化されたといえ、その差には「見せたい」姿と「見たい」姿の差が反映する。

本書は、天皇・皇族の住まいを通して、〈和風〉が内包する多様な意味、いいかえれば人びとが〈和風〉に何の意味をこめ、〈和風〉によって何を表現しようとしたのか、その一端を読み解くものである。

本書の構成

ここで、本書の構成を簡単にみておきたい。

「行在所――『天皇の空間』と〈和風〉〈洋風〉」では、天皇・皇太子の行在所を取り上げる。明治前期、明治天皇が政権の浸透と地方情勢の把握を目的に日本各地を巡幸したことはよく知られている。同時にこの巡幸は、天皇がその姿を直接民衆の前に表わすこと、つまり近代のシンボルとしての新しい天皇像を視覚的に示す意味を持ち、そのイメージは錦絵《にしきえ》などのメディアを通じてさらに広まった。こうした巡幸で天皇が宿泊する施設が行在所、休息用の施設が御小休所《ごしょうきゅうじょ》であり、明治天皇の六大巡幸では延べ一〇〇〇ヵ所以上の行在所・御小休所が用意された。巡幸が「近代天皇像の視覚化」を意図したとすれば、行在所はその「背景」として重要な役割を担ったはずである。軍服を召し、馬車や馬に乗る天皇に、人びとはどのような「仮の住まい」がふさわしいと考えたのか、その特徴をみてゆきたい。

「明治宮殿――〈和風〉の創造」のテーマは、明治二一年完成の皇居、明治宮殿である。この明治宮殿は、昭和二〇年に焼失したが、近代〈和風〉建築の代表例として著名な存在であり、近年ではその設計・建設経緯や設計意図に関する山崎鯛介氏の一連の優れた論考がある。その明治宮殿をここであらためて取り上げるのは、〈和風〉という意匠がどのように創造されたのか、その「原典」は何かを考えるためである。明治宮殿は、襖絵や天井画、壁や緞帳《どんちょう》の装飾織物などによって壮麗な内部空間が演出されており、その画題や文様の決定には「過去」の文物の装飾が参考とされた。この「過去」は、かならずしも直近の時代の近世とは限らない。近代の宮殿にふさわしい装飾として、どの時代の、何を選択したのか、そのリバイバル・モチーフに注目したい。

「東宮御所――隠された〈和風〉装飾」で扱うのは、現在迎賓館となっている旧東宮御所（赤坂離宮）である。政府主催の歓迎行事や会談はこの建物で開かれることが多く、ニュースで目にする機会も多い。明治四一年完成、日本人による〈洋風〉建築学習の集大成と評価されるこの本格的なネオ・バロック様式の建物を、〈和風〉と捉える人はいないだろう。しかし、実はこの壮麗な〈洋風〉建築の中には、日本独自の文物をモチーフにした〈和風〉の装飾が巧みに盛り込まれている。なぜ〈洋風〉の宮殿に、異質な〈和風〉の装飾を混在させたのか、その意味を探りたい。

「御用邸――〈和風〉の嗜好」では、天皇・皇族の別邸（別荘）を取り上げる。天皇家の別荘は御用邸・離宮と呼ばれ、現在も葉山・那須などに存在するが、最盛期には二五ヵ所にのぼり、天皇は日本一の別荘王だった。同様に、皇族たちも避暑・避寒のための別邸を各地に所有した。これら別邸の場合、本邸である皇居や東宮御所とは異なり、政治的・社会的な意味は薄く、皇族たちが本当に好んだ住空間を造ることができたはずである。近世の公家別荘の伝統に基づく〈和風〉の姿をみてみたい。

最後の「皇族本邸――〈洋風〉推進から〈和風〉回帰へ」では、天皇の親戚である宮家の本邸を取り上げる。宮家は、明治初年の天皇の東京への遷幸とともに、京都から東京へと住まいを移した。東征大総督《とうせいだいそうとく》を任じた熾仁《たるひと》親王の有栖川宮《ありすがわのみや》家が、J・コンドルの設計で明治一七年に建てた本邸は、日本人向けの本格的な〈洋風〉住宅のごく初期の例とされるように、宮家は住宅の〈洋風〉化を積極的に進めたことで知られる。〈洋風〉住宅は、高い身分と財力を持つ、ごく限られた人びとに許されたステイタスシンボルであり、宮家はそれにふさわしい存在だった。しかし、年代が下ると〈和風〉を前面に押し出した本邸も登場し、ステイタスシンボルとしての〈洋風〉の意味は薄れていく。この過程から、皇族にとっての〈和風〉〈洋風〉の意味の変化を考えたい。

では、皇族たちの多様な住まいへ、ご案内しよう。

行在所

「天皇の空間」と〈和風〉〈洋風〉

明治天皇の地方巡幸

行在所

秋田県秋田市金足《かなあし》。重要文化財の民家・奈良家住宅の一角に、不思議な建物が建つ。明治一四年（一八八一）完成のこの建物は、明治天皇の巡幸の際、金足村北野での休息所として奈良家当主、茂が建設したものだ。当時は秋田県第六勧業試験場の街道脇に位置したが、保存のために巡幸後奈良家へ移築された。

この建物が不思議な印象を与えるのは、プロポーションが通常と異なるためだ。寄棟《よせむね》造《づくり》・瓦葺《かわらぶき》の〈和風〉の建物だが、平屋にもかかわらず一部のみ楼閣風に入母屋《いりもや》屋根を高くあげ、ここだけ垂木《たるき》を放射状に配する扇《おおぎ》垂木とする。真下は、わずか四畳半の部屋。天屋根高を反映して天井は高く、床《とこ》と違棚《ちがいだな》を備え、襖には金紙、天井には銀紙を張る。天井は、格縁《ごうぶち》を交差させた格天井《ごうてんじょう》。部屋の広さに比べて意匠が重厚で、少々暑苦しい。明治天皇は、畳敷きのこの部屋に、持参の椅子とテーブルを据えて休息した。

　奈良家のこの建物のように、天皇が地方に出かけた際、休憩を取る建物を御小休所《ごしょうきゅうじょ》といい、宿泊（または食事）する建物は行在所《あんざいしょ》と呼ぶ。明治天皇は、明治五年の近畿・中国・九州巡幸を皮切りに、奥羽《おうう》巡幸（明治九年）、北陸・東海巡幸（明治一一年）、山梨・

図1　北野御小休所（秋田県）

図2　北野御小休所内部

三重・京都巡幸（明治一三年）、東北・北海道巡幸（明治一四年）、山陽道巡幸（明治一八年）と日本各地を回った。このいわゆる六大巡幸では、一二八〇泊余りの宿泊と一日三、四回の休憩のために、延べ一〇〇〇ヵ所以上の行在所・御小休所が用意されている。もちろん、既存の建物も用いられたが、巡幸に当たり新築した例も多く、奈良家に残る北野御小休所のような建物が各地で用意されたのである。

天皇が休息・食事をし、就寝する場所。そのために人びとが用意したのは、どんな建物だったのか。一五年ほど前に先述の北野御小休所を見て以来、その異形《いぎょう》に関心を持ち、関東学院大学の水沼淑子先生と各地に調査に出かけた。驚くのは、すでに巡幸から一〇〇年以上経った今も、保存されている行在所・御小休所が多いこと、そして建物だけではなく、巡幸に関わる品々を大切に保管していることである。学校や役所を用いた例もあるが、圧倒的に個人宅、当然地方の有力者の家が多い。天皇という特別な人物を迎えるに当たり、それぞれが「天皇にふさわしい空間」を用意し、その姿を子孫へ受け継いだのである。

それでは、地方に点在する「天皇の空間」をみてゆこう。

明治天皇の巡幸スタイル

明治天皇の六大巡幸のうち明治九年の奥羽巡幸は、後の巡幸のスタイルを確立した点で重要な意味を持つ。明治天皇の巡幸は、大久保利通《としみち》が「国々ニ於《おい》テモ、帝王、従者一二ヲ率キテ国中ヲ歩キ、万民ヲ撫育《ぶいく》スルハ、実ニ君道ヲ行フモノト謂《い》フベシ」（明治元年「大阪遷都建言書」）と述べたように、外国の君主に倣うものであり、天皇自身が庶民の実態をじかに見聞するとともに、天皇の姿を人びとに示す意図があった。江戸時代とは異なる、新しい時代の天皇の姿こそ、近代国家誕生の絶好のＰＲになるからだ。すでに初回に当たる明治五年の九州巡幸において、天皇は初めて洋装したが、髪はまだ江戸時代のままに結っており、また軍艦を利用する時間が長かったため、天皇の姿が一般の人びとの目に触れる機会は少なかった。しかし、明治九年の巡幸では、天皇は断髪し、明治六年に定めた軍服の正服を身にまとい、〈洋風〉の馬車に乗り騎兵を従えて陸路を進んだ。行在所や御小休所として各地の名家を用いる方法もこの巡幸から定型化し、明治五年の巡幸では船中泊が多いため三〇ヵ所弱だった行在所・御小休所は、明治九年には一六〇ヵ所に増えた。「巡幸」という明治の一大ページェントの定型が確立したのである。

いっぽう、地方にとって、天皇を自分の町や家に迎えることは、誰も経験したことがない「事件」である。江戸時代において天皇は、原則として在位中御所の外に出ることはなかった。火災による避難以外の目的で御所を出たのは、寛永《かんえい》三年（一六二六）の後水尾《ごみずのお》天皇の二条城行幸以降、実に幕末の孝明《こうめい》天皇まで例がない。まして、天皇が都を離れて地方を巡り、一個人の住宅に泊まるなど、江戸時代の常識ではあり得ないことである。この前代末聞の経験に先立ち、迎える地方にどんな指示が出されたのだろう。

明治九年の巡幸が始まる一ヵ月前に内務卿大久保利通が出した通達では、巡幸は地方の民情を知ることが目的だから、基本的に「平日ノ通」にするようにとし、道筋に竹柵を設けたり、川に仮橋を架けたり、不浄な場所を隠す必要はないこと、巡幸の行列を見るのは自由であり、往来を差し止める必要はないこと、献上物は不要であることなどが列記される。同様に、行在所や御小休所についても、「別段修繕ヲ加ルニ及バズ」すなわち支障がない限り新築や修理をする必要はないとする。しかし、この通達はほとんど守られることなく、巡幸に先立ち、各地で道路の修繕や橋などの新設・仮設、行在所や御小休所の修繕や新築が行われている。

注目したいのは、天皇が用いる調度のほとんどを持参する点である。先の通達では食器類一式・椅子・テーブル・御風呂・御厠《かわや》（便所）は「御持越」つまり巡幸側で持参するとあり、巡幸の記録ではこれ以外に「御卓子掛」つまりテーブルクロスや御寝台・御寝具も持参している。風呂や厠まで運ぶのは大仰だが、実際には御小休所では厠、宿泊用の行在所では風呂もほぼ全箇所で準備された。これらの調度は箱や棹《さお》に収納して運搬され、明治一四年の例では「御寝台並びに夜具入」一箱、長棹一二棹に及ぶ（『明治天皇聖蹟志』宮城県）。また、天皇の到着前に行在所や御小休所の室礼《しつらい》をするため、調度は複数セット持参され、一、二ヵ所おきに順次送られた（『我が郷に仰ぐ聖駕のみあと』出羽小学校校友会）。天皇はすべての行在所で椅子とテーブルを用いる椅子座、つまり〈洋風〉の生活様式を貫いたことがわかる。

さらに、明治五年の巡幸で熊本県飽託《ほうたく》郡小島町の行在所の給仕を務めた村田騏一氏の回顧では、先着の供奉《ぐぶ》たちが行在所の室礼の準備を靴のまま行ったため、天皇のために廊下に敷いた紅絹《もみ》縁の莫蓙《ござ》や玉座の畳が汚れてしまったという。つまり、天皇も供奉も、みな靴履きのまま行在所に上がったことになる。天皇は、行在所にいる間も、当時「御仮服」と呼ばれた洋装を通したという（『明治五年西国中国御巡幸　遺老談話筆記』）。

明治天皇は、〈洋風〉の服装で、〈洋風〉の馬車に乗り、室内でも靴を履き椅子に坐るという〈洋風〉の生活様式を遵守して、巡幸に臨んだのである。

明治九年奥羽巡幸・一四年東北・北海道巡幸

では、明治天皇を迎えたのはどんな建物だったのか。明治九年の奥羽巡幸と明治一四年の東北・北海道巡幸を例にみてみよう。

この二度の巡幸は、東京〜函館間の往路が重複しており、両度用いられた施設も多い。ただし、明治九年には函館からの帰路に船を用いたのに対し、明治一四年は九年に未踏だった札幌・小樽を回り、さらに秋田・山形を経由して帰着している。重複を除くと、この二度の巡幸で用いられた宿泊用の行在所は六八ヵ所、昼食用の行在所が五九ヵ所、御小休所は仮設も含めて二四六ヵ所に上る。郡役所などの公共施設や学校、社寺なども用いられたが、個人住宅が二二二ヵ所、約六割を占める。

そのひとつ、宮城県名取郡増田村の御小休所、菊池善蔵家をみてみよう。菊池家では、明治九年の巡幸の際庭に離れを新築し、この建物が一四年の巡幸にも用いられた。随行の木戸孝允《たかよし》が御小休所前庭の見事な松をみて「大君のたちよりましし陰なれば衣笠とこそいふべかりけれ」と詠み、それを天皇が賞して、松に「衣笠」という銘を賜ったという。すでにこの衣笠の松は失われ、建物も菊池家の敷地から移築されて増田町の公民館として用いられた後、平成五年に取り壊されている。

菊池家の御小休所は檜《ひのき》造り、京都御所の紫宸殿《ししんでん》を模した「宮居建《みやい》」であった。取り壊し前の姿をみると、入母屋《いりもや》造・銅板葺（もと檜皮葺《ひわだぶき》）の緩やかな屋根を持ち、棟《むね》を神社建築のようにわずかに反らせる。三方に縁を廻《めぐ》らし、正面に欄干《らんかん》を付した階段を設ける点も、確かに御所風である。内部は、八畳と一〇畳の二室のみ。このうち八畳にのみ床《とこ》と違棚があり、ここが「玉座《ぎょくざ》」つまり天皇のための空間で、一〇畳は随行する侍従《じじゅう》や侍従長の部屋だった。このため、正面の縁は八畳側のみ床《ゆか》が一段高く、欄干も八畳の前面しか付けられていない。階段は八畳の中心に合わせて設けられ、床《とこ》や棚は背面側にある。当日の記録では、天皇は街道筋から衣笠の松の下を通って一直線に御小休所へ向かい、正面の階段を靴のまま上って、持参の椅子とテーブルで休息した（『明治天皇聖蹟志』宮城県）。

興味深いのは、当日の室礼である。床《とこ》にはまるで神社のご神体のような「神鏡」を置き、御神酒やお供えを三宝に盛る。外側に白幕を張り御簾《みす》を下げる一方、御小休所の周囲は白いペンキ塗りの矢来《やらい》を廻らし、ここに「西洋風」の門を設ける（『東北御巡幸記』）。「天皇の住まい」として御所や神社をイメージする一方、外部は〈洋風〉の装飾も付す。この和洋混合の姿が、当時の人びとの天皇像の捉え方を物語る。

福島県郡山市の宗形《むなかた》彌兵衛家も、現在残る行在所のひとつである。宗形家は、郡山宿の本陣であった家柄で、屋号を川崎屋と称した。明治九年の巡幸では、郡山の行在所は安積《あさか》開拓事業の中心であった開成館《かいせいかん》が用いられており、宗形家では明治一四年の再巡が決定するとすぐにこの行在所を新築し、天皇の行幸を得たという（『郡山行幸記録』）。その後、宗形家は敷地ごと売却されたが、この行在所のみ大正一四年に安積国造神社《こくぞうじんじゃ》に移築され、個人宅として現存する。

行在所は、八畳二室からなる小さな建物で、当時は本陣の主屋から中庭を隔てて廊下で結ばれ、巡幸当日は廊下にはすべて絨毯が敷き詰められた。二室のうち、一室を侍従の間、奥の一室を玉座に充てるのは菊池家と同じで、両室に床《とこ》・違棚を備え、床《ゆか》に高麗縁《こうらいべり》の畳、襖には五三桐紋の唐紙を用いた。通常の二室続きの和室の場合、床《とこ》や違棚は次の間からみ

図3　増田御小休所（宮城県，名取市役所提供）

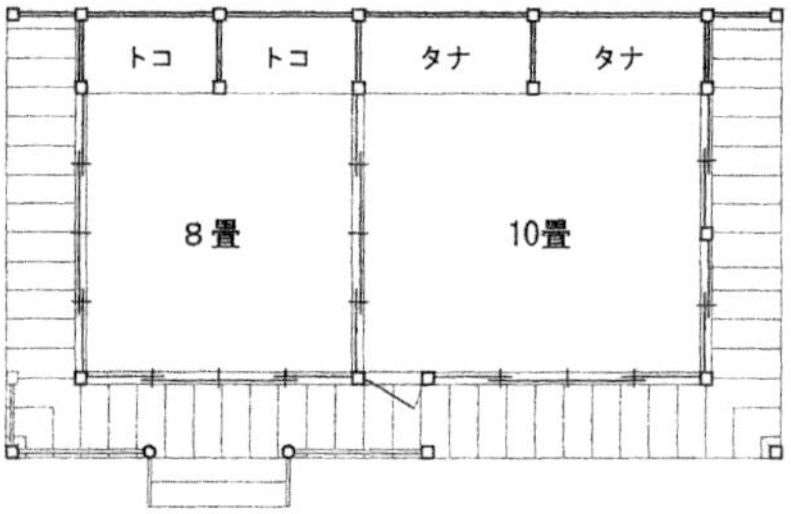

図4　増田御小休所平面図

図5　郡山御小休所（福島県，『明治天皇聖蹟―東北北海道御巡幸之巻上』より）

た正面に置かれるが、この宗形家は両室とも床《とこ》や棚を側面側に置く。これは、二室を連続して用いることがないためで、天皇は床《とこ》を背にし、庭を向いて坐る。玉座には、柱に蚊帳《かや》吊り金具の跡が残り、天皇はこの八畳一室で食事も就寝も行ったことになる。目を引くのは、平屋にしては建物の高さが極めて高いことで、軒の高さは内法《うちのり》高の二倍近く、まるで二階建てのようにみえる。屋根は、現在はトタンだが、もとは栗の木羽葺《こばぶき》だったという。

秋田県・山形県の巡幸フィーバー

巡幸は、御小休所や行在所となった家はもちろん、いずれの県や町・村にとっても一大事であり、準備には県や郡の役人も庶民も奔走した。

なかでも秋田県・山形県が巡幸にかけた情熱と労力は大きい。秋田・山形は、東北地方でこの二県のみ明治九年の奥羽巡幸のルートからはずれ、次回巡幸での訪問を強く懇願していた。このため、両県への巡幸が明治一四年五月一二日に正式に通知されると、巡幸の準備が急ピッチで進められた。この明治一四年の巡幸は、七月三〇日に東京を発し、東北地方の太平洋側から北海道を経由して、秋田県に九月一一日、山形県に同月二二日に入ったから、準備期間は四ヵ月足らずだったことになる。また、細かな行程や行在所の位置は五月の通知の段階では決まっておらず、これ以降、自分の町への誘致や行在所決定への嘆願が展開された。

山形県内の行程は、当初は秋田県側から南下し、県都山形を発した後、上山《かみのやま》・赤湯《あかゆ》・糠野目《ぬかのめ》・米沢《よねざわ》へ進む計画だった。しかし、このルートより東にある東置賜《おきたま》郡高畠《たかはた》から誘致が進められ、六月二三日に同地の東置賜郡役所が行在所に内定した。いっぽう上山の場合、六月二七日の段階では梅津清中家の経営する旅籠《はたご》登位屋に御昼行在所が内定していたが、上山に新築中の〈洋風〉の小学校への行在所変更と、昼食ではなく宿泊を乞う嘆願が出され、紛糾した結果、九月六日に梅津家と同じ町内の旅籠会津屋（河合長六家）に変更された。登位屋と会津屋は、明暗を分けた結果となる。

巡幸先に決定した町では、行在所や御小休所の準備が急ピッチで進められた。本来行在所・御小休所は、先述の通り既存建物を用いるよう通達されていたものの、秋田県・山形県の場合、巡幸決定の経緯を反映して、新築や大規模な修繕を行う例が多かった。秋田県では、行在所・御小休所五〇ヵ所のうち二九ヵ所で既存の建物とは別に玉座のための離れなどを新築・増築し、同様に山形県でも五一ヵ所中少なくとも一三ヵ所で新築、八ヵ所で修繕が行われている。最初にみた北野御小休所もそのひとつで、本来は野営を意味する「野立《のだて》」だったにもかかわらず、土地の有力者である奈良家が私費を投じて建設した。巡幸に対する意気込みの強さがうかがえる。

山形市を離れて二番目の御小休所、金井村黒沢の渡邊久右衛門家も玉座を新築した。茅《かや》葺《ぶき》の豪壮な母屋の背後に、今も小さな建物が現存する。屋根は板葺、八畳一間の西側にのみ縁を設けた簡素な平面で、当時は東側から母屋と廊下で接続した。一方にのみ縁があるのは、西側にある田で当主渡邊久右衛門が農民に普段の姿で稲を刈らせ、野菜を陳列して天皇に見せたためだ。巡幸中、農事の天覧は何度も行われたが、農民は普段の服装ではなく、揃いのたすきを身につけるなど、見せるための演出がなされていた。渡邊家の常装で

図６　六郷御小休所（秋田県）

の農作業を天皇は喜び、陳列した重さ二貫五〇〇匁もある冬瓜《とうがん》を手にとって供覧したという。御小休所の工事を担当したのは、当地で腕利きの大工と評判だった佐竹新太郎。佐竹は、三週間でこの建物を建て、この間三食が渡邊家で用意され、毎日水垢離《みずごり》・沐浴斎戒《もくよくさいかい》して務めた。工事の間、屋敷の門口には日の丸に「御普請所」と記した旗を立てたとされ、この旗も保存されている。巡幸は、迎える渡邊家だけではなく、近隣も含めた大事件だった。

いっぽう、山形市に入る直前、出羽村漆山の御小休所半沢久三郎家もまた別棟を新築したが、実に一〇年近い歳月をかけている。着工は明治四年。山形に巡幸があることを祈念して準備にかかり、他所《よそ》の行在所を視察して平面や意匠を決定したという（『我が郷に仰ぐ聖駕のみあと』出羽小学校校友会）。母屋に並んで建てられたこの御小休所は、蔵王高原の「童の里」という建築博物館に移築されて現存する。供奉員の控え室も合わせて五室からなり、他の例に比べれば格段に大きいが、やはり玉座は一〇畳一室しかない。二の間・供奉員室も合わせた三室の柱の材質がよく揃っているのは、山形県の山寺産出の巨大杉一本から切り出したためである。建物規模に対して柱や長押《なげし》が四寸七分（約一四センチ）と太く、例によって天井も一〇尺五寸（約三・一五メートル）と非常に高い。玉座には、床《とこ》・違棚・付書院の他に「神床」と呼ぶ神棚が設けられ、釘隠《くぎかくし》などの金具も含め、造作の良さが際だっている。

秋田県仙北郡六郷町の斉藤喜世助家もまた、高さを強調する。斉藤家は、諏訪神社の神官の家柄で、神社境内の一角に御小休所を新築した。広さは八畳一間。宝形造《ほうぎょうづくり》の屋根は高く、室内の天井高さも一尺一寸二分（約三・四メートル）と和室としては極めて高い。

こうしてみると、新築された行在所・御小休所には、地域を越えたある共通点が存在する。

明治天皇の空間

ひとつはほとんどが〈和風〉の建物であること、さらに天井や屋根の高さを強調することだ。天井の高さは、天皇が椅子を用い、靴を履いたまま上がることに合わせたとも考えられるが、斉藤喜世助家も半沢久三郎家も、内法高さは五尺八寸（約一・七五メートル）ほどの一般的な寸法であり、郡山行在所の宗形家では内部の天井高と無関係に外観の高さを上げていて、実用的な意味は薄い。隣室に比べて、床を一段高くした上段とする例も多い。新潟県では、現在の新潟市街に当たる流作場《りゅうさくば》新田の御小休所となった安部九二造家で、既存の八畳の上段の中央にさらに二畳分の畳を重ねて玉座とし、新津《にいつ》行在所の桂誉恕《かつらたかひろ》家でも上段の間を「御所風」に改造して、上に繧繝縁《うんげんべり》の畳二畳分を置いた（『明治十一年明治天皇新潟県御巡幸六十年記念誌』）。もちろん、当日はこの上に持参の絨毯を敷き、椅子とテーブルを置くから、何とも面倒だ。しかし、このように玉座を二畳分の置畳《おきだたみ》でさらに高く設《しつら》える例は、とくに明治一一年の北陸・東海巡幸で多く、岐阜県の荒崎村長松の御小休所吉田賛三家では緋毛氈《ひもうせん》の上に「二畳臺」を置いて椅子とテーブルを据え、垂井の御小休所本龍寺でも二畳台を設けている。近世以前の書院造では、床の高さ、天井の高さがそのままそこに坐る人の身分の高さを示した。行在所・御小休所での高さの強調は、この近世の

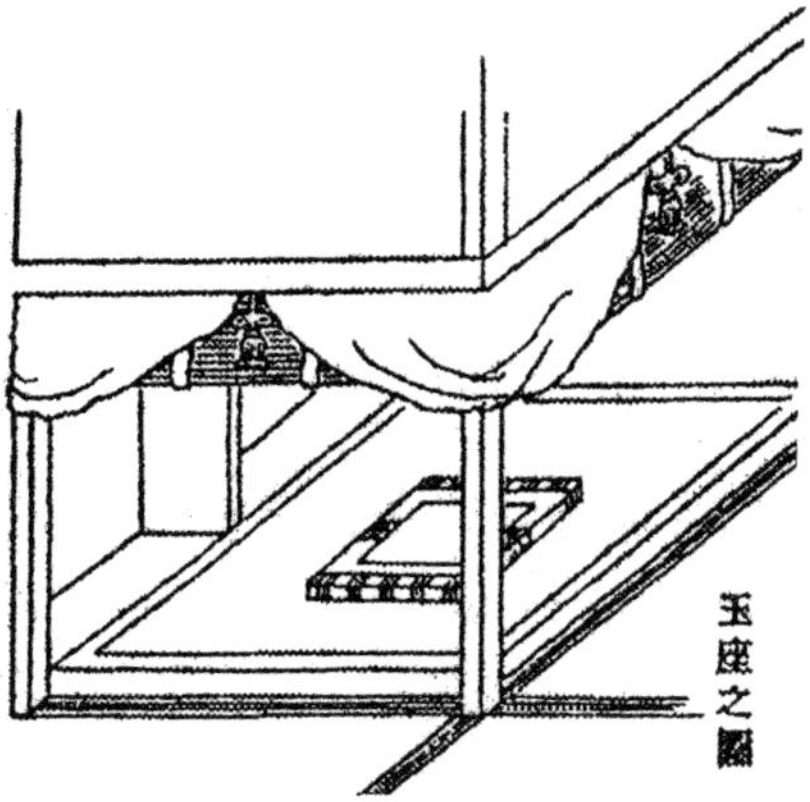

図7　流作場新田御小休所玉座（新潟県，『明治十一年明治天皇新潟県御巡幸六十年記念誌』より）

ルールによって天皇の「格」を示したといえる。

新津行在所のように、御所や神社を意識した意匠を用いる点も特徴だ。宮城県の名取御小休所菊池家も先述の通り京都御所紫宸殿を模し、また新潟県の流作場新田の御小休所安部九二造家では、玉座の周囲を御簾や紫縮緬《ちりめん》の幕、注連縄《しめなわ》で装飾していて、建物の仕様のみならず室礼でも神社風の要素を加味している。明治五年の熊本の巡幸の際の記録では、天皇を迎えるのは初めての経験でどうしたらよいかわからず、最終的には「神様と同じ扱ひをするが宜しからう」ということになり、行在所への通り道に当たる町では、有力者の家で幕や注連縄を張り、御簾を掛け、高い台を設けて鏡餅を供えたという（『明治五年西国中国御巡幸遺老談話筆記』）。天皇を神格化する姿が窺える。さらに、新潟県の新津行在所では、襖に「金襖房付引手」を用いており、新潟県柏崎でも学校に別棟で新築した行在所の天井を格天井《ごう》とし、当初格間《ごうま》を金張りにしたものの、巡幸の先発官に節約を促されて銀紙に変えている。金や銀は、冒頭の秋田県の北野御小休所にもみられ、格が高い仕様として採用されたのだろう。

もうひとつは、天皇の空間を休憩・宿泊とも八畳から一〇畳の一室でまかなうことである。広い行在所の場合でも二室を使い分ける例はほとんどなく、宿泊の場合、この一室に椅子・テーブルを置いて食事や謁見をするほか、御寝台を据え蚊帳を吊って就寝した。これだけの調度を置くにはあまりに狭いが、「天皇のための空間」がこの一室に集約している点に注目したい。

こうしてみると、明治天皇のために用意された行在所や御小休所は、巡幸での生活の場である「仮の住まい」というよりむしろ、御神体や仏像を納める厨子《ずし》に近い存在といえる。行在所や御小休所では、使いやすさや快適さより、天皇という特別な人物のための建物という「格」の表現が最も重視され、天井や軒の極端な高さの強調や金・銀などの意匠はその表現手段として採用された。

先にみたように、巡幸を指揮した太政官からの通達には、巡幸での準備品や行在所・御小休所の仕様はほとんど定められていない。また山形県の場合、巡幸決定の通達後、郡長会議を開いて巡幸準備の細則を作成しているが、三四項目に及ぶ内容は行在所や御小休所について、幕を張るための釘打ちの位置や看板の出し方、玉座の外周を葦簀《よしず》や木綿で覆う指示のほか、用いる油の種類まで細かく定めるものの、肝心の玉座の広さや高さ、仕様についてては何も記されていない。とすれば、行在所や御小休所の仕様は、当時の人びとが抱いた「天皇の住まい」の共通イメージによって生みだされたものであり、「神様と同じ」との認識から、近世以来のルールをより強調して、厨子のような空間が創造されたといえるだろう。

明治天皇と〈和風〉×〈洋風〉

地方の鹿鳴館

ところで、従来行在所《あんざいしょ》として注目されてきたのは、豊平館《ほうへいかん》（札幌市）や仁風閣《じんぷうかく》（鳥取市）だ。現存するこの二つの建物は、豊平館が北海道開拓使の建てた〈洋風〉ホテル、仁風閣が旧藩主池田家が建てた〈洋風〉の別邸であり、いずれも国の重要文化財に指定されている。豊平館は、明治一四年、まさに明治天皇行幸によって開業し、以後三代の行幸啓を迎えた。いっぽう仁風閣は、明治四〇年に建設が始まり、後述の皇太子嘉仁《よしひと》親王（後の大正天皇）の山陰巡啓に合わせて設計が変更された。馬車に乗り、洋装した天皇や皇太子が宿泊する場所として、確かに〈洋風〉建築はふさわしい。

また、この二つの建築以外にも、後述の西田川郡役所（鶴岡市）や興雲閣《こううんかく》（旧松江市工芸品陳列所、松江市）など巡幸・巡啓に合わせて建てられた例は多く、巡幸が地方に〈洋風〉

建築を広める契機となったとして、これらを「地方の鹿鳴館《ろくめいかん》」と呼ぶこともある。明治天皇巡幸では、行在所や御小休所《ごしょうきゅうじょ》になった〈洋風〉建築は非常に少ないものの、天皇は各地で学校や県庁・裁判所・病院・軍施設などを視察に訪れており、これらは圧倒的に〈洋風〉建築が多かった。

なかでも山形県は、巡幸前に〈洋風〉化が急速に進んだ県である。明治一四年の巡幸当時の県令は、「土木県令」の異名を持つ三島通庸《みしまみちつね》で、明治九年の着任以来、仙台や福島など周辺地域と繋ぐ陸路の開設に力を入れるとともに、県庁・警察署・県立病院などを相次いで〈洋風〉で新築した。県庁（明治一〇年）や師範学校（明治一一年）など〈洋風〉建築が並び建つ様子は、洋画家高橋由一《ゆいち》の描いた『山形市街図』から知られ、また朝陽《ちょうよう》学校（鶴岡・明治九年）・興譲《こうじょう》学校（米沢・明治一三年）などの学校も相次いで〈洋風〉で建てられた。同様に、明治一一年の十一郡制発布以後、各郡の郡役所が地元大工の手により竣工している。この状況を反映して、山形県では他県に比べて行在所・御小休所に〈洋風〉の施設が多いことが特筆され、全五一ヵ所のうち七つの郡役所を含む一一ヵ所が該当する。

このうち米沢の南置賜《おきたま》郡役所は、明治一四年四月に起工、同年一〇月に天皇の到着で開業し、鶴岡の西田川郡役所も明治一四年五月、巡幸直前に完成している。

三島は、自らが建設したこれら〈洋風〉建築や、新道・橋・隧道《すいどう》・公園などを御用写真師菊池新学に撮影させ、『山形写真帳』と題する写真アルバムにまとめて、明治天皇に献上した。さらに、米沢と福島を結ぶ栗子新道の開通式を明治天皇の臨席で行うなど、県内での自らの事業を天皇に見せようとする意図が強かった。〈洋風〉建築の完成を急いだことも、行在所・御小休所として採用したことも、その一環だろう。先進的な治世の証明として、〈洋風〉建築は欠かせなかったのである。

ただし、〈洋風〉建築は、そのままの姿で天皇を迎えたわけではなかった。

〈洋風〉建築に天皇を迎える

山形県には、明治一四年の巡幸で行在所となった七つの郡役所のうち二件が現存する。そのひとつ、天童の東村山郡役所は、三層の塔屋を持ち、正面に唐草の彫刻を配した入母屋《いりもや》屋根のベランダを突き出す。このように、近世以来の大工技術や意匠によって見よう見まねで建てられた〈洋風〉建築を一般に「擬洋風」と呼ぶが、その典型的な例である。東村山郡役所は、九月二九日の御昼行在所とされ、玉座は二階の一角に設けられた。その古写真をみると、柱を四隅に立てた二畳ほどの上段を設け、その上に敷物を置き、テーブルと椅子を置く。正面には幕と御簾《みす》、さらにカーテンも掛ける。

この姿は、宿泊用の御泊行在所の場合、さらにエスカレートする。一〇月一日の行在所となった高畠《たかはた》の東置賜郡役所は、すでに当時の建物が失われているものの、古写真から下見板貼りの壁、上げ下げ窓、正面のベランダを備えた〈洋風〉建築だったことがわかる。明治一一年一一月の完成だが、巡幸に当たり村民から三一五九円の寄付を集めて、二階に玉座を修築した。この玉座は、当日の記録に「玉座は階上にあって畳二拾畳を敷き、御次ノ間は拾八畳を容る」とあり、床《ゆか》一面に畳を敷いている。さらに図をみると、玉座には「置床《おきどこ》」つまり移動式の床《とこ》が備えられ、ここに「大鏡」を置いた（『東置賜郡史』）。〈洋風〉

図８　東村山郡役所（山形県）

図９　東置賜郡役所（山形県，『山形県行幸記』）

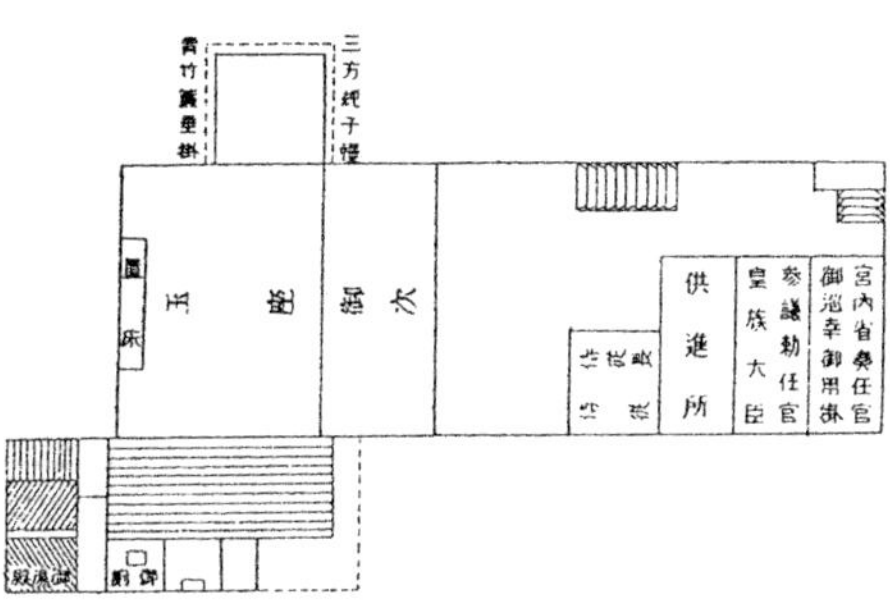

図10　東置賜郡役所玉座平面図（『東置賜郡史』）

のこの建物に本来畳や床《とこ》があるはずはなく、これは巡幸のときだけの特別な仕様である。当日は、玉座と御次の境に御簾を掛けたが、これは近隣では手に入らず、村民二人が東京まで買いにでかけたという。

一〇月二日に宿泊した米沢の南置賜郡役所では、玉座の床《ゆか》に段差を付けて上段・下段の構成とし、やはり玉座背後に置床を設ける。学校の場合も同様で、九月二三日・二六日の二度行在所となった清川村（現・庄内町）の清川学校では、明治一一年完成の〈洋風〉の校舎の後方に二階建ての〈洋風〉の玉座室を増築したが、当日は建物すべてに畳を敷き、その上にさらに絨毯を敷いた。

この方法は、決して山形県だけの特殊なものではない。

福島県郡山市の金透《きんとう》学校（巡幸当時は郡山学校）は、明治九年の巡幸で御小休所となった。前年八月、地元の講《こう》や寄付金など約五〇〇〇円の破格の費用によって起工したこの学校は、実は明治天皇を迎えた六月一六日には未完成だった。巡幸の一〇日ほど前に検分に訪れた大久保利通が工事が終わるのか危ぶんだが、当日は漆喰塗《しっくいぬり》が間に合わず、板張りの天井に白紙を貼って間に合わせたという。正面にベランダを突き出した擬洋風の校舎の二階、三方にガラス窓を開く東隅の部屋が玉座とされたが、当日の記録や古写真によると、床に畳を敷き、幕を張り、床《とこ》に掛軸や盆栽を飾った（『明治九年・明治十四年　郡山行幸記録』)。

同じ郡山市の開成館《かいせいかん》は、より手が込んでいる。安積《あさか》開拓事業の事業掛を置く区会所として明治七年に建てられ、明治九年に御泊行在所、明治一四年に御昼行在所となった。寺院のような唐破風《からはふ》の入口、三層の四周に廻らされたベランダ、雲形の手摺《てすり》、土蔵のような漆喰塗の大壁、ペンキ塗りの鎧戸《よろいど》など、これも〈和風〉と〈洋風〉が混在した擬洋風の建築で、金透学校と同じ増子儀三郎・宗形彦八という二人の大工の手になる。明治九年、まだ開拓途上にあったこの旧桑野村に行在所が置かれたのは、先発で視察した大久保利通の意向によるという。開拓を進めていた結社、開成社では、急遽《きゅうきょ》燕尾服とシルクハットを横浜から取り寄せ、洋装で天皇を迎えた。

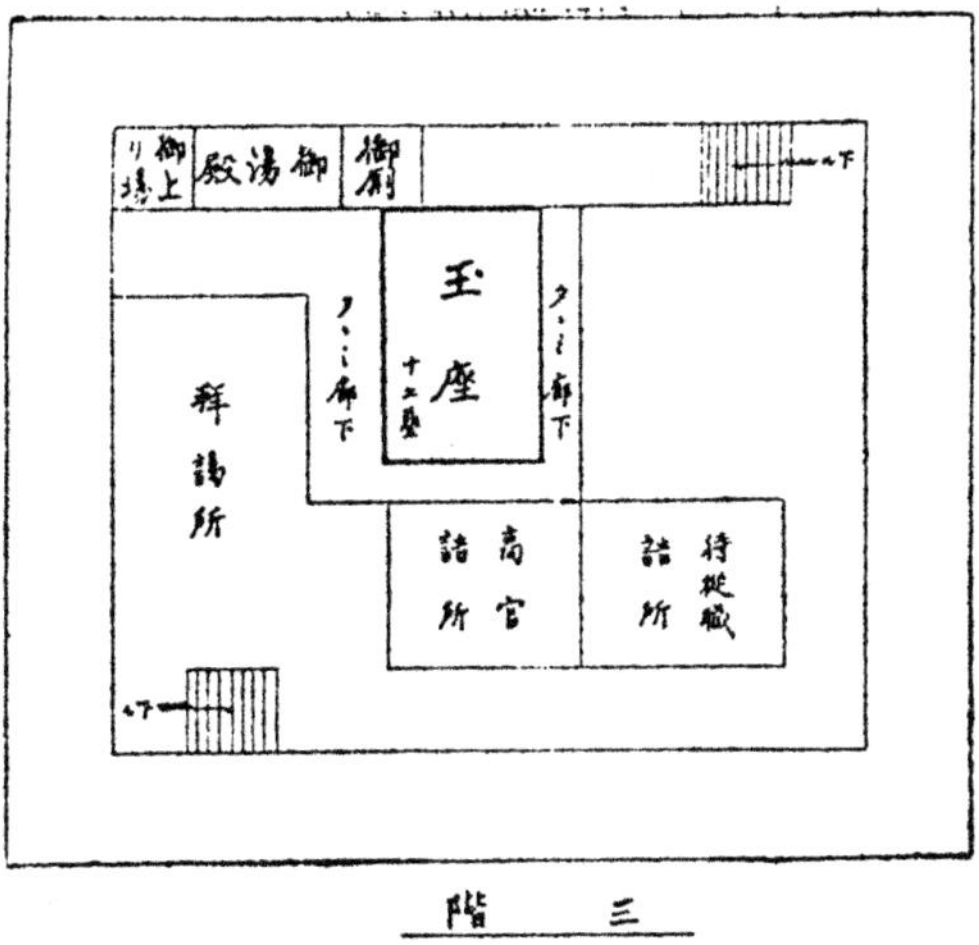

図11　開成館玉座平面図（『明治九年・明治十四年郡山行幸記録』より）

問題は、天皇が宿泊した空間である。玉座が設けられた開成館の三階は、役所の建築らしく、本来間仕切りのない板敷きの大空間だったが、巡幸に当たり、その中央に一二畳分の畳を敷いた玉座を設け、三方に畳敷きの廊下を廻らし、背後に湯殿《ゆどの》・厠《かわや》を設けた。玉座と廊下の境には障子を立て、幕を張り、御簾を吊った。〈洋風〉の大空間の中に、まるで映画のセットのように〈和風〉の空間を入れ子で設けている。これが、開成社が用意した「天皇の空間」だったのである。

見せる建築・住まう空間

椅子とテーブルを置き、靴のまま生活する。その使い方に最もふさわしいはずの〈洋風〉建築で、なぜ巡幸のときだけ畳を敷き、床《とこ》を設けるのだろう。

この理由を考える上で手がかりとなるのは、学校や役所を行在所に選びながら、玉座をその〈洋風〉建築の中に設けず、〈和風〉の別棟を新築した例だ。たとえば、秋田県の湯沢町では雄勝《おがち》郡役所が行在所とされたが、〈洋風〉の建物に別棟を新築し、ここに天皇は宿泊した。新築された別棟は、巡幸の翌年、湯沢神社に移築されて社殿となり現存する。神社の社殿になったことでもわかるように、宝形《ほうぎょう》屋根を持ち、長押《なげし》を廻らした〈和風〉の建物である。別棟で新設された行在所が、巡幸後神社の社殿に転用された例は、他に新潟県の表町校（長岡市、少彦名神社拝殿）や池原平十郎家（糸魚川市、水前神社幣殿）などがあり、神社建築として違和感がないほど意匠が近似していたことを示す。また、山形県山形市の行在所は、明治一三年開館の博物館だったが、木造・白ペンキ塗りの〈洋風〉の本館とは別に、「日本造リ」の別棟を新築した。この建物は、巡幸後の明治一七年に移築、明治二二年に払い下げられて亀松閣《きしょうかく》という料亭として現存する。木造二階建、柱や長押が太い堂々とした建物で、玉座とされたのは二階の大床《おおどこ》付きの一八畳の部屋である。内法高さは五尺八寸（約一・七五メートル）で標準的だが、天井高さは九尺六寸（約二・九メートル）と和室としては高い。天皇の空間を一室に集約すること、高さを強調することなど、先にみた〈和風〉の行在所・御小休所とまったく同じルールで作られている。

いっぽう、明治一一年の新潟県の巡幸記録をみると、当初学校が行在所として候補にされながら、寺院や個人宅に変更された例があることに気づく。たとえば出雲崎では、検分の結果、工事中の学校から光照寺という寺院に変更されている。先にみた柏崎行在所の柏崎学校も、地元は巡幸前の建設中から行在所に希望していたが、学校では「御不自由ヲ奉掛《かけたてまつる》ノ義、何分不都合」として、いったんは「家屋ノ結構」がふさわしい寺院に変更され、地元の強い希望で学校に戻し、〈和風〉の別棟を新築した。学校は、明治前期の地方の町や村にとって最も早く〈洋風〉建築が導入された施設のひとつで、巡幸でも天皇が視察に訪れた例は多い。にもかかわらず行在所に採用されなかったのは、学校のような〈洋風〉建築は天皇の宿泊に適切ではないとの判断があったためとわかる。

天皇が「見る場所」としては、〈洋風〉建築が先進的な治世の証明として奨励される一方、天皇の「寝食の場所」としては〈洋風〉の空間は回避され、〈和風〉の要素が加味される。これは、ただ使いにくいからではなく、天皇という特別な人物の座所としての「格」が〈洋風〉では表現できなかったためではないだろうか。近世以前の姿を想起すれば、書院造において格の高い空間は、室内のみならず廊下や縁も畳敷きとされ、板敷きを用いるのは台所など裏方の格が低い場所だけだった。たとえその上に絨毯を敷き、直接目に触れることがなかろうとも、そこに椅子とテーブルを置き、靴で上がろうとも、「畳を敷く」ことが重要だったのである。同様に、床の間を設けることも書院造の表現であり、さらに置畳や幕、御簾など「格が高い」と認識される既知の意匠を散りばめて、〈洋風〉建築の内部が〈和風〉の空間へと変えられた。

明治天皇の行在所・御小休所で重視されたのは、建物が〈和風〉であっても〈洋風〉であっても、天皇という特別な人物にふさわしい「格」を表現することであり、その手段として〈和風〉が用いられたといえる。

嘉仁親王の地方巡啓

皇太子の地方巡啓

明治天皇の地方巡幸が一段落した明治後期、今度は皇太子（東宮）嘉仁《よしひと》親王（後の大正天皇）の地方巡啓が始まった。この巡啓については、原武史氏の『大正天皇』『可視化された帝国―近代日本の行幸啓』に詳しい。

嘉仁親王の地方巡啓は、その目的や経緯が明治天皇の巡幸と異なる。契機となったのは、明治三三年五月の婚礼の直後、一〇日間をかけて伊勢神宮や、祖父・祖母に当たる孝明《こうめい》天皇・英照《えいしょう》皇太后の京都泉涌寺《せんにゅうじ》の陵墓などを参拝したことである。この行啓は、幼いときから病弱だった嘉仁親王にとって、御用邸での夏・冬の静養と、日清戦争最中の天皇滞在中の広島訪問を除けば、東京を長期に離れた初めての体験だった。東宮輔導として皇太子の教育・監督の任にあった有栖川宮威仁《ありすがわのみやたけひと》親王は、この行啓で嘉仁親王がいきいきと行動する様子をみて、嘉仁親王を東京での詰め込み式の勉強や堅苦しい管理体制から切り離し、健康な身体と精神を育成する策として、長期にわたる地方巡啓を発案した。このため、嘉仁親王の巡啓は、明治天皇の巡幸のような政治的・軍事的な目的ではなく、皇太子の「教育」が主であって、公式の巡啓ではなく、非公式の「微行」とされた。

以後、嘉仁親王は、明治三三年一〇月から一二月の福岡・佐賀など北九州四県への巡啓を皮切りに、同三五年には信越・北関東巡啓、翌三六年には和歌山・瀬戸内巡啓を行った。三五年の巡啓は、本来東北六県と新潟・長野・群馬・栃木四県の計一〇県を、海路を使わず陸路のみで二ヵ月かけて回るという壮大な計画だったが、一九日目の水戸滞在中に体調を崩し、東北六県と栃木への訪問は中止して帰京している。同様に、最初の北九州巡啓も、途中休息した兵庫県舞子《まいこ》の有栖川宮別邸で体調を崩したため、後半に予定していた岡山・愛媛・香川三県への訪問を中止した。このような一時的な体調不良はあったものの、巡啓によって嘉仁親王の健康は回復し、課題であった学習効果も認められ、成果はおおむね良好だったといえる。

しかし、明治三七年の日露戦争勃発後は、巡啓の意味が変化する。天皇だけではなく、皇太子にも政治的な役割が期待され、嘉仁親王が天皇の名代として公式に地方巡啓を行うようになった。その最初が明治四〇年の山陰巡啓であり、同四四年の北海道巡啓も公式の巡啓と位置づけられた。これらの地域に共通するのは、先にみた明治天皇の巡幸で訪問されなかった場所という点だ。鳥取県・島根県の場合、明治二七年頃から天皇巡幸を嘆願し、明治三六年には天皇に代わる皇太子の巡啓を求めて、翌三七年の実施が一旦は決定した。しかし、日露戦争により中止され、戦争終結後の明治四〇年にやっと実現している。

山陰巡啓は、以後の巡啓のあり方にも影響を与えた。たとえば、明治四〇年一一月の南九州高知巡啓は、戦争前と同じ「微行」とされ、巡啓先の大分県でも知事が、「地方状況見学」が目的で「山陰道ノ行啓トハ事体自ラ異ル」こと、「諸事簡約」にすることとの訓示を出しているが、この訓示はほとんど守られず、以後の山口・徳島巡啓（明治四一年四月）・東北巡啓（四一年九月）でも、山陰巡啓と変わらない準備や行事が展開した。

嘉仁親王の行在所

嘉仁親王の二週間以上に及ぶ国内巡啓は、明治三三年の北九州巡啓から明治四四年の北海道巡啓まで、一〇回を数える。これらの巡啓では、明治天皇巡幸同様に、各地で御小休所や宿泊・昼食のための行在所が用意された。

嘉仁親王の巡啓が明治天皇と異なるのは、行在所として県庁舎や迎賓館・学校・軍施設など公的な施設が多く用いられたことだ。明治天皇の巡幸で多くを占めていた個人住宅は全体の四割ほどに留まり、しかもその大部分は毛利元昭《もとあきら》別邸（山口）や上杉茂憲《もちのり》邸（米沢）など旧藩主の邸宅である。たとえば、明治天皇と訪問先が重複する明治四一年の東北

図12　小樽区公会堂（北海道）

巡啓を例にみると、宿泊三二泊のうち個人住宅は福島県翁島《おきなしま》の有栖川宮別邸と上杉茂憲邸（米沢）、佐竹義生《よしなり》別邸（秋田）、南部利淳《としあつ》別邸（盛岡）の四ヵ所一三泊で、いずれも皇族か旧藩主の邸宅であり、他に住宅系として知事公舎（青森）と奥羽種馬牧場長官舎（七戸）の官舎も用いる。住宅以外では、学校（山形女子師範学校など）、役所（福島県庁、福島県双葉郡役所など）、陸軍の親睦施設である偕行社《かいこうしゃ》（弘前、仙台）など公的施設が一六泊を占める。これは、明治天皇の巡幸が地方視察や国民の実情把握を目的に掲げたのに対し、皇太子巡啓は前述の二回を除き勉学のための「微行」であり、官主導で準備されたためといえる。

なかでも、公会堂や迎賓館の使用が目立

つ。たとえば、明治四四年の北海道巡啓では、巡啓に合わせて函館・小樽・釧路・帯広で公会堂が新築された。また、群馬県前橋市の臨江閣《りんこうかく》は、迎賓施設として明治一七年に建設され、さらに明治四三年の一府十四県連合共進会の際、貴賓館として別館を増築している。「公会堂」は、public hall の和訳で生まれた新語で、明治一四年福沢諭吉の発案で東京の木挽町に演説会場として建てられた明治会堂が、やや用途は異なるものの先駆的な存在である。こうした公共の文化供与を目的とする公会堂や、貴賓接遇のための施設は、明治前期にはほとんど存在しなかったビルディングタイプといえる。また、明治天皇の巡幸が行われた明治時代前期には、公共建築は先進性を示すため〈洋風〉建築を理想としたが、皇太子巡啓に用いられた公会堂・迎賓館では、その半数以上が〈和風〉である点にも注意したい。

同様に、旧藩主の邸宅も〈和風〉を主体とする。行在所とされた旧藩主邸は、池田仲博《なかひろ》別邸（仁風閣、鳥取）を除いてすべて〈和風〉であり、なかには福井の松平康荘《やすたか》邸（養浩館）や高知の山内豊景《とよかげ》邸など、江戸時代の御殿をそのまま継承したものや、金沢兼六園の成巽閣《せいそんかく》、鹿児島の島津磯《いそ》邸、高松の栗林《りつりん》公園掬月亭《きくげってい》など、現在も名園として知られる別邸も含まれる。その一方、上杉茂憲邸（鶴鳴館）は明治二九年に一四代当主によって米沢に新築され、伊達宗基《むねもと》邸（鐘景閣、仙台、明治三八年）、南部利淳邸（盛岡、明治四一年）も巡啓時に新築された。この時期、行在所となった住宅以外にも、松浦《まつら》邸（長崎県平戸市、明治二六年）、毛利元敏《もととし》邸（山口県下関市、明治三六年）、松平頼壽《よりなか》邸（披雲閣、香川県高松市、大正六年）など、明治維新当初東京に本邸を構えた旧藩主らが、かつての領地に地元本邸を相次いで建設している。公会堂や迎賓館などいわば町の顔となる公共性の高い施設や、旧藩主の邸宅が〈和風〉を選択したことは、日清・日露戦争後の国家意識の高揚の現れと指摘されており、巡啓との関係と合わせて時代性が窺える。

明治四〇年山陰巡啓

ところで、一〇回の長期巡啓のうち、公式の訪問とされた明治四〇年の山陰巡啓と四四年の北海道巡啓は、行在所の新築が多いことが特筆される。とくに山陰巡啓は、明治三七年に巡啓が内定して準備を始めた後、日露戦争で約三年間延期された経緯からさらに力が入り、御泊行在所一二ヵ所・御昼行在所五ヵ所・御小休所六ヵ所（野立三ヵ所を除く）の計二三ヵ所のうち、実に二一ヵ所で御座所（御便殿とも呼ぶ）を新築、一ヵ所で大改造を行っている。

その姿をみてみよう。

明治四〇年五月一三日に軍艦鹿島《かしま》で舞鶴を出航した皇太子一行は、まず鳥取県の境港に到着、ここから馬車で米子《よなご》へ移動し、一五・一六日の二泊を公会堂に隣接して新築された鳳翔閣《ほうしょうかく》と呼ぶ行在所で過ごした。鳳翔閣は門柱以外現存しないが、古写真によれば反り

図13　飛龍閣（鳥取県）

を持つ入母屋《いりもや》屋根に深い庇《ひさし》を廻らした〈和風〉建築で、内部には御正殿（御座所）・御食堂・御寝室・御化粧室・御浴室・御厠《かわや》（以下、部屋名称は『春日の光』による）の六室が皇太子のために用意された。

続く倉吉《くらよし》の飛龍閣《ひりゅうかく》もまた、巡啓に際して新築された。倉吉城址の打吹《うつぶき》公園内に、やはり公会堂と合わせて建てられた、この土地特有の朱色の石州瓦《せきしゅうかわら》の屋根を持つ〈和風〉建築である。担当した山田市平は、地元では擬洋風の成徳小学校を手がけた腕利きの大工として知られる。廊下を挟んで前面側に一二畳半の御座所と一〇畳の御食堂、背面側に八畳の御寝室と御化粧室・御浴室・御厠を置き、御座所・御食堂・御寝室はすべて畳敷きで、それぞれに床《とこ》を設ける。宿泊当日は、玄関に菊の紋章入りの大提灯を掲げ、紫縮緬《ちりめん》の幕を張り、三室の床《とこ》に掛軸や香炉を飾った（『春日の光』）。

安来《やすぎ》は、安来尋常高等小学校が行在所となり、校舎に隣接して、外壁は白ペンキ塗、窓は引違《ひきちがい》のガラス戸、屋根は入母屋造という、〈和風〉とも〈洋風〉ともつかない別棟を新築した。一五畳の拝謁の間を中心に、左右に一〇畳の御座所と一〇畳の寝室、さらに食堂・更衣の間・浴室・便所を設け、床はみな畳敷きで、この上に布を敷き、窓に萌黄《もえぎ》地に花模様のカーテンを掛けた。米子でも倉吉でも安来でも、御座所・御寝室・御食堂が別室で設けられている点に注目したい。

この構成は、正統的な〈洋風〉建築でも同様である。鳥取の行在所池田仲博別邸（仁風閣）は、後で詳しくみる旧東宮御所（現・迎賓館赤坂離宮）の設計者片山東熊《かたやまとうくま》の手になる瀟《しょう》洒《しゃ》な洋館で、明治四〇年五月、巡啓に合わせて完成した。巡啓では、二階が皇太子の空間に充てられ、中央に謁見所、その西に御食堂、東に御座所と寝室を置き、御浴室・御化粧間を附属する。また、松江の行在所として明治三六年に建てられた工芸品陳列所（興雲閣）でも、やはり二階に御座所・謁見所（拝謁室）・御食堂・御寝室が設けられた。

この姿は、先にみた明治天皇巡幸で、大部分の行在所が玉座（御座所）は一室のみだったことと大きく異なる。嘉仁親王の行啓でも、昼食の行在所や御小休所の場合、宍道《しんじ》宿の

図14　仁風閣（鳥取県）

図15　仁風閣寝室内部

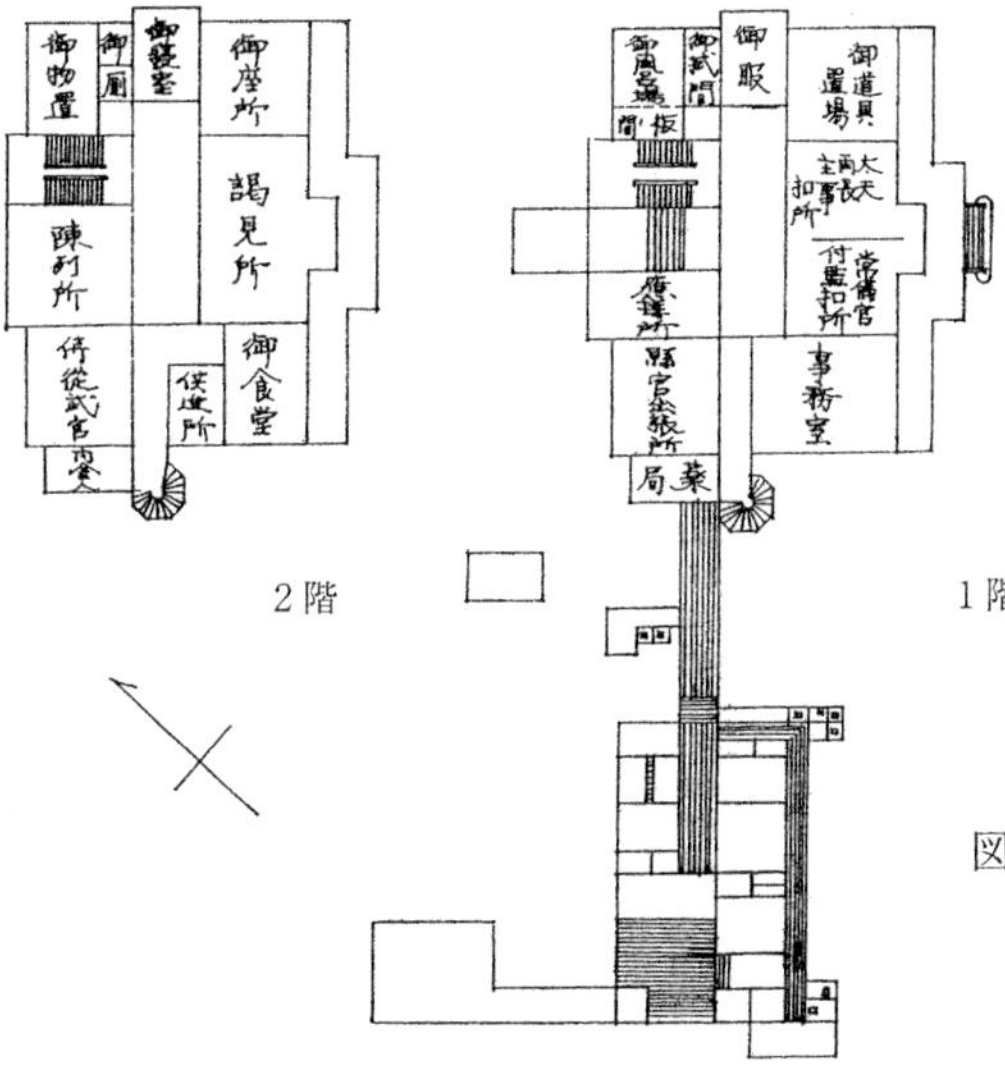

図16　仁風閣平面図
（『皇太子殿下山陰道行啓鳥取市奉迎誌』より）

旧本陣木幡家では一〇畳と八畳の二室を御座所として新築し、出雲の千家尊福《せんげたかとみ》家でも一四畳半と一〇畳の二室を御座所とするなど、いずれも一室ないし二室のみである。しかし、宿泊の場合、〈洋風〉〈和風〉という建築様式にかかわらず、用途ごとに分けた複数の部屋で構成されており、一部謁見所を欠く例もあるものの、御座所・御寝室・御食堂はかならず別々に設けられている。

一室のみの厨子《ずし》のような空間から、複数の部屋による構成へ。行在所は、「仮の住まい」と呼ぶにふさわしい、住宅に準じた空間へと変化したといえる。

皇太子の生活と空間

鳥取の仁風閣には、もうひとつ不思議な点がある。それは、謁見所や御食堂は絨毯を敷くのに対し、同じ洋館内にありながら、御寝室のみ畳敷きだという点だ。この仕様は、『山陰道行啓録』の記事でも確認できる。

明治四四年の北海道巡啓もみてみよう。

この北海道巡啓は、山陰と同様公式の巡啓で、道内二一泊のうち、釧路区公会堂（釧路）・小樽区公会堂（小樽）・飯田信三別邸（門別）など半数の行在所が行啓に合わせて新築され、かつ豊平館《ほうへいかん》（札幌）や偕行社（旭川）も含め、〈洋風〉建築が三分の二を占めた。函館区公会堂（函館）もそのひとつで、明治四二年に着工したが、工事途中で行在所となることが決定し、御座所周辺の内装の変更と専用の御湯殿・御厠の増築が行なわれた。内部は、二階中央の大広間を拝謁所とし、他に御座所・御食堂・御寝室・御召替所を用意する。このうち御寝室は、本来は板敷きで、備え付けの寝台があるにもかかわらず、巡啓の時のみ既存の寝台を取り払って畳六枚を敷き込んでおり（『東宮殿下行啓記念函館奉迎記』）、畳敷きに固執していることがわかる。巡啓では、明治天皇同様「御寝台」「御夜具」を持参したから、この畳敷きの部屋に寝台を据えて用いたことになる。

このように〈洋風〉建築の内部に巡幸時のみ畳を敷く例は、明治天皇巡幸でもみたが、皇太子巡啓の場合、畳を敷くのは寝室のみで、謁見所や御座所にはみられない。いっぽう、畳敷きの寝室は、皇室の宮殿や御用邸に例があり、嘉仁親王が夏期の保養に用いた日光田《た》母沢《もざわ》御用邸は、謁見所や御座所・御学問所は絨毯敷きだが、寝室は畳敷きである。また、嘉仁親王が明治三三年の結婚以降暮らしたのは、赤坂離宮内に建てられた〈和風〉の建物で、全室畳敷きだった。行在所の畳敷きの寝室は、こうした皇太子の日常の生活空間に近づけるよう用意された可能性が高い。つまり、明治天皇と嘉仁親王では畳敷きという〈和風〉の仕様を採用する意図がまったく異なり、前者は公的な場面での「格」の表現のため、いっぽう後者は日常生活の充実のためだったことになる。

行在所には生活様式の変化も反映する。明治四一年の東北巡啓の御昼行在所となった伊達宗基《むねもと》家（仙台）では、準備記録に「殿下には御玄関において御脱靴を願ふ」とあり、皇太子は玄関で靴を脱いでいる（『明治四十一年行啓関係書類綴』宮城県公文書館蔵）。一見普通のことに思えるが、前例に当たる明治天皇巡幸では、天皇が建物の様式にかかわらず靴のまま室内に入ったことを思い出してほしい。明治四〇年の山陰巡啓でも、嘉仁親王は今《いま》市《いち》の行在所遠藤嘉右衛門家や出雲《いずも》の千家尊福家で、玄関で上靴に履き替えて御座所に入っていて、「靴を脱ぐ」という日本の極めて日常的な生活様式が巡啓で採用されたことがわかる。巡啓で行在所の玄関に幕を張るなどの装飾を施す例が多いのも、皇太子が玄関を使用するためだろう。

嘉仁親王の行在所は、こうした平面や室内の仕様が山陰巡啓でも北海道巡啓でもよく統一され、宮内省の明確な指示があったことを窺わせる。原武史氏は、嘉仁親王の巡啓では送迎時の服装や方法が細かく明文化され、今日も続く樹木の御手植などの儀式が定型化するなど、明治天皇巡幸に比べ奉迎の形式が統一されたことを指摘している。行在所・御小休所もまた、皇太子の普段の生活空間に近づくよう均一化が図られたといえる。

椅子と金屏風

ところで、明治天皇と同様、嘉仁親王の巡啓でもさまざまな調度が持参された。記録では、先の寝台や夜具の他、椅子・便器や「洋卓掛」（テーブル掛）が挙げられている。ただし、明治天皇巡幸では天皇が使用する調度をすべて持参したのに対し、嘉仁親王の場合、とくに宿泊の行在所では複数の部屋で構成され、必要な家具の種類や数が増えたため、巡啓先でも準備している。

明治四一年の東北巡啓では、準備する調度について東宮主事からの詳細な指示が図入りの印刷物で配布されており（『明治四十一年行啓関係書類綴』宮城県公文書館蔵）、椅子は持参する一方、「卓」つまりテーブル類は巡啓先が準備している。図をみると、御座所用・謁見所用・御食堂用で大きさは異なるものの、いずれも白木の簡素な形である。これは、持参するテーブル掛を掛けて使うためだろう。

とくに、御座所や謁見所のテーブル掛は、鳥取の仁風閣《じんぷうかく》では「赤地錦襴の卓掛」、函館高等女学校でも「目の醒むるばかり赤地に龍鳳凰牡丹の模様ある錦」とされ、その姿は函館区公会堂の御座所の古写真などでも確認できる。これは、明治神宮聖徳記念絵画館所蔵の明治天皇の事蹟を描いた壁画のうち、明治八年「地方官会議臨御」、明治二一年「枢密院憲法会議」など複数の場面に表われる、赤地の、円を重ねた七宝文の合間に鳳凰と牡丹をあしらったテーブル掛と同じものだろう。聖徳記念絵画館の壁画は、明治天皇崩御後、大正末年から昭和初期に製作されたもので、明治時代当時の様子をそのまま示すとはいえないが、同じテーブル掛は明治四三年に明治天皇が東京本郷の前田利為《としなり》邸に行幸した際の記録にも描かれている（『臨幸画巻』前田育徳会蔵）から、遅くとも嘉仁親王の巡幸が行われた明治後期には用いられていたことがわかる。

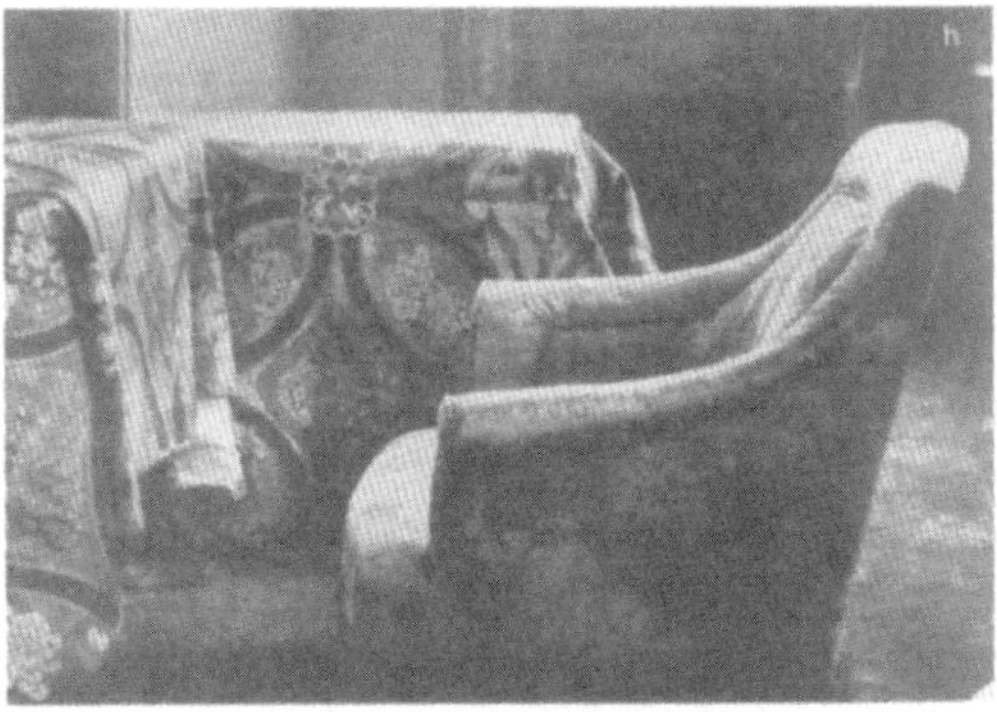
図17　函館区公会堂御座所（『鶴駕奉迎録』より）

図18　聖徳記念絵画館壁画「地方官会議臨御」

もうひとつ、注目したいのは屏風である。先の宮城県の準備品リストでは、屏風を装飾用・御厠用・御寝室用に用意するよう指示され、巡幸の記録をみると御座所でも使用されている。たとえば、鳥取の仁風閣では、御座所に金屏風二隻を立て、先述の「卓掛」を掛けたテーブルと椅子一脚を置いた。こうした屏風は、安来の行在所の安来尋常高等小学校では「金無地に限る」と指示され、準備した能義《のぎ》郡では「絹地に箔三枚掛けにて金襴の表装、黒塗縁」という仕様の六曲屏風一双を大阪に注文して調達した（『春日の光』）。金屏風は、明治四四年の北海道行啓でも、函館商船学校や函館商業学校で用いられていて、御座所を設える重要な要素だった。〈和風〉の行在所を用意した島根県宍道町の木幡家でも、畳敷きの御座所に段通《だんつう》を敷き、金屏風を立てて、テーブル掛を掛けたテーブルと椅子を置いているから、この室礼は〈洋風〉〈和風〉という建築様式にかかわらず用いられたことになる。

嘉仁親王の巡啓において、金屏風・椅子・テーブル掛による室礼は、完成された「定型」として機能したといえる。

行在所が担うもの

明治から大正へ

明治天皇巡幸から嘉仁《よしひと》親王巡啓へ。行在所《あんざいしょ》の空間は明らかに変わった。ひとつは、重視した要素の変化である。明治天皇の巡幸では天井や屋根の高さを強調し、神社建築などの意匠を援用して、天皇を迎える建物という「格」を表現することが最も重視された。いっぽう、嘉仁親王の巡啓では、「格」の表現に加え、皇太子の日常生活に近い空間を用意すること、つまり生活空間の「質」が重視されている。明治天皇の巡幸では、行在所全体の規模が大きくても、天皇の使用する玉座は一室に限定され、巡幸の記録でも行在所の居住性について記したものはない。過ごしやすいかどうかは、まったく意識になかったのである。つまり、明治天皇の行在所は、御神体や仏像などを納める「厨子《ずし》」に近い存在であったのに対し、嘉仁親王の行在所は日常生活を写す「仮の住まい」といえる。

もうひとつは、反映されたイメージの変化である。明治天皇の巡幸では、建物の平面に定型はあるものの、外観や意匠はそれぞれ異なっており、巡幸を指揮する太政官側の指示よりむしろ、迎える人びとが抱いた「天皇の建築」のイメージが直接形に反映したといえる。これに対し、嘉仁親王の巡啓では、平面や部屋の構成のみならず、仕様や使い方までよく統一されていて、宮内省の指示が細部にまで及んでいたことを窺わせる。

生活様式にも相違がみられる。明治天皇の巡幸では、建築様式にかかわらず常に土足のまま椅子とテーブルを用いる、純粋な〈洋風〉の生活様式を貫いたが、嘉仁親王の巡啓では椅子座である点は同じでも、玄関で靴を脱ぎ、上履きに履き替えた。嘉仁親王の巡啓では、皇太子の日常の生活に近づけることが意図されていたから、こうした生活様式は嘉仁親王が普段生活する東宮御所や御用邸でも用いられていた可能性が高く、明治後期にはいわば日本化した椅子座の生活が皇室に導入されていたことになる。

明治天皇の巡幸では、本来なら椅子座に最もふさわしいはずの〈洋風〉建築で、あえて畳を敷き、床《とこ》を設けるなど、建築様式に関係なく、天皇が坐る空間は〈和風〉の要素によって演出された。つまり、天皇という特別な人物のための空間を表現するに当たり、当時すでに広く流布されていた「洋装の天皇」の姿と直結する〈洋風〉の建築ではなく、上段や床の間、神社、注連縄《しめなわ》、幔幕《まんまく》など、神聖さや格の高さを示す既知の〈和風〉のサインを想起したことは明らかである。〈洋風〉建築の内部にまでこうした〈和風〉の要素が用いられたのは、〈洋風〉で格を表現する方法を持たず、すでにルールが確立している〈和風〉での表現を選択したためだろう。

行在所や御小休所《ごしょうきゅうじょ》が一貫して表現しようとしたのは、天皇（皇太子）の座所としての「格」である。この「格」は、「見る」側と「見られる」側に共通の認識があって初めて成り立つものである。行在所の空間は、当時「格」を、何によって、どのように表現したのか、そのルールの集大成といえる。

行在所という特異な建築からは、明治という時代において、〈和風〉〈洋風〉が何を担い、何を表現しようとしてきたのか、その変化をみることができる。

皇室の文様

ところで、もうひとつ注意しておきたいことがある。

明治天皇と嘉仁親王の巡幸・巡啓の共通点は、どちらも椅子を持参し、行在所や御小休所の建物が〈和風〉〈洋風〉のどちらであろうと、これにテーブルとテーブル掛を添えて、玉座を設えたことである。ただし、その意匠に違いがある。

嘉仁親王の巡啓で、椅子・テーブル掛の背後に金屛風を据えるという室礼《しつらい》が確立したこと、そのテーブル掛が七宝《しっぽう》文の合間に鳳凰《ほうおう》と牡丹《ぼたん》を配する文様だったことはすでにみた通りで、このテーブル掛は、先述のように明治四三年の前田利為《としなり》邸行幸で明治天皇が用いたことが確認できる。さらに下ると、大正八年の東京遷都五〇年祝賀会での大正天皇の玉座でも、昭和一三年の大本営御前会議の昭和天皇の玉座でも、同じテーブル掛が写真に写り、皇室の文様として定着し、長く使い続けられたことがわかる。この七宝に鳳凰牡丹文のテーブル掛は、管見に及ぶ限り、明治二七から二八年の日清戦争の際、広島の大本営に設けられた玉座の写真に確認できるのが最古であって、皇室の象徴的な存在となったのは明治二〇年代以降と考えてよいだろう。

いっぽう、明治前期の明治天皇巡幸でもテーブル掛をやはり持参したが、記録には「赤地大和錦」（新潟県糸魚川行在所）、「模様のあるテーブル掛」（山形県漆山御小休所）などとあるものの、肝心の文様について記事がない。あらためて明治天皇の肖像や写真をみると、点景として用いられたテーブル掛は、明治六年に内田九一《くいち》が撮影した写真では方形に鳳凰の丸紋を散らし、明治七年に高橋由一《ゆいち》が描いた肖像下絵では伝統的な桐鳳凰の図様、明治二一年にエドワルド・キヨッソーネが制作した肖像では桐唐草文であるなど、文様がまちまちで一定しない。また、嘉仁親王の場合も、二、三種のテーブル掛が用いられているが、七宝に鳳凰牡丹文は大正三年（一九一四）に制作された肖像写真「大正天皇夫婦像」まで年代が下る。ところが、昭和天皇の場合、肖像写真も含め、ほぼ七宝に鳳凰牡丹文に統一されており、昭和初期には天皇の身分を示す装飾として、定型化していたことは明らかである。先にみたように、明治神宮聖徳記念絵画館の壁画で、複数の場面にこのテーブル掛が描かれたことは、事実そのものより、この壁画が大正末期から昭和初期の制作であることが理由として大きいだろう。昭和においてこのテーブル掛は、たったひとつの文物で天皇という身分を示すことができる、強力な表象として確立したといえる。

明治天皇と嘉仁親王の室礼の相違は、この「皇室の文様」という定型の有無である。一枚のテーブル掛と金屏風が皇室という身分を視覚的に示す手段として定着したことは、文様の持つ力が認められたことを示す。

次章でみる明治宮殿こそ、このテーブル掛が誕生した明治二〇年代に完成し、室内装飾のさまざまな文様の選択に深い政治的意味が籠められた建築なのである。

明治宮殿

〈和風〉の創造

皇居造営計画

皇居炎上

昭和二〇年（一九四五）五月二五日。第二次大戦末期のこの日、桜田濠《ほり》沿いの参謀本部を狙った焼夷弾が濠を越えて皇居へ舞い、木造の宮殿を全焼した。この宮殿は、約六〇年前、明治二一年（一八八八）に完成した建物で、他の代の皇居と区別する意味から「明治宮殿」と通称される。現在の皇居とほぼ同じ位置にあった総坪数約五八〇〇坪の広大な宮殿は、国家的な事業として建設されたものである。

皇居は、この場所で、戦災以前にも一度火災に遭っている。明治六年五月五日、燃えさしの消火の確認を怠った女官の不注意で皇居内から出火、強風に煽られて、皇居一円が灰燼に帰した。このとき焼失した建物は、元の江戸城西の丸御殿で、天皇は明治二年三月二八日の東上以来、旧江戸城を皇居と定め、かつての将軍の御殿に住んでいた。焼失は、明

図19　明治宮殿御車寄（『鳳闕』より）

治五年に太政官などの諸官省を西の丸下に設置し、体制が整った矢先だった。明治宮殿は、この再建として建てられた皇居なのである。

明治六年の焼失から明治二一年の新宮殿への遷幸まで、天皇と皇后はもと紀州徳川家中屋敷である赤坂離宮を仮皇居とした。再建まで長い年月がかかった理由のひとつは、近代天皇にふさわしい皇居とはどんな建築か、議論が繰り返されたためで、「和洋何レノ建築ニ決ス可キ問題」（『皇居御造営誌』）、つまり〈和風〉と〈洋風〉のどちらを選ぶかが検討された。その結果、外観は〈和風〉、室内意匠も〈和風〉主体でありながら、内部に〈洋風〉の生活様式である椅子座を採用した建築が完成した。

問題は、この〈和風〉である。明治宮殿に求められたのは、近世とは異なる新しい天皇の住まいとしての形であり、とくにその内部空間は、後に述べる近代ならではの機能に合わせ、新たな仕様や意匠を考える必要があった。明治宮殿は、たとえその外観が近世的な面影を持っていようと、紛れもなく「近代の皇居」であり、ただ〈和風〉か〈洋風〉かの選択だけではなく、より深く、どんな〈和風〉がふさわしいかが問題とされたのである。天皇の表象として、〈和風〉がどのように「創造」されたのか。明治宮殿の内部空間をみてゆこう。

変転する造営計画

明治宮殿については、小野木重勝氏の研究がよく知られ、近年山崎鯛介氏が造営時の原史料を元に詳細な分析を行っている。これらの研究により、まず明治六年の皇居焼失から二一年の再建までの経緯をみておこう。

皇居の再建計画は、焼失した明治六年の皇居再建の建言に始まる。しかし、天皇は国事多難であるから造営を急がないようにとの詔勅を出し、翌七年、あらためて宮内卿らが再建の建言を出した。これを受けて、太政官は皇居再建と諸官省建設に関する布達を出すとともに、工部省に敷地の測量などを命じた。工部省とは、明治政府の殖産興業政策の中核を担った官庁（明治一八年廃止）で、以後この工部省営繕課が皇居造営を担当した。工部省は、明治八年に一〇〇円の予算と三ヵ年の建設計画を立案、太政官は明治九年五月、翌一〇年から五ヵ年での計画の実行を命じた。しかし、明治一〇年二月に西南戦争が勃発、政情不安から計画は延期された。

その頃、天皇・皇后が住む赤坂の仮皇居では、旧紀州藩邸を増改築した間に合わせの建物だったため、国賓や各国大使・公使との謁見に不便をきたしていた。そこで、明治九年二月、フランス人建築家ボアンビルに謁見・饗宴のための謁見所・会食堂の設計を依頼、五月に太政官が実施を許可し、九月に着工した。この赤坂の謁見所・会食堂の建設が決まった明治九年五月は、先にみたように太政官が皇居再建着手を命じた時期と符合し、仮皇居での謁見所・会食堂の新築が皇居再建と合わせて考えられていたことがわかる。ところが、この謁見所・会食堂は、着工時点で設計図面や仕様書が作成されていなかったことなどから、工事が進むにつれて工事費が何度も増大、さらに明治一二年三月、工事途中の煉《れん》瓦《が》壁に地震で亀裂が入るという致命的な事故が起き、工事が中止された。

この事故は、皇居造営計画に大きな影響を与えた。それは、石造・煉瓦造に対する地盤の安全性・耐震性に不信感を招いたことだ。仮皇居において〈洋風〉の謁見所を建設することは、皇居の公的部分も〈洋風〉建築を前提にしていたことを示すが、建設中止は〈洋風〉建築そのものへの疑問を意味し、以前から木造の方が耐震上安全であるとの意見が出ていたことと相まって、皇居再建計画全体の見直しを余儀なくされた。

この事故と前後して、旧江戸城のどこに皇居を建てるか、敷地全体の検討が行われていた。旧江戸城は、本丸・西の丸を中核とし、西の丸の西寄りに山里、本丸の東に二の丸・三の丸、そのさらに西に吹上《ふきあげ》、北に紅葉山《もみじやま》を置く構成を採る。明治六年の焼失までは西の丸に御殿があったが、本丸を推す意見もあり、皇居の建設にどこがふさわしいか、白紙から検討されたのである。その結果、まず明治一一年六月に本丸が不適当として候補から外され、続く九月二〇日、西の丸に「西洋造建物」の謁見所と宮内省庁舎、山里地区に「日本造建物」の奥向《おくむき》御殿を建設することが内定、〈洋風〉建築を工部省、〈和風〉建築を宮内省が担当することになった。ただしこの案は、先述の赤坂仮皇居の謁見所・会食堂の移築・転用を前提としていたため、まずイギリス人建築家ジョサイア・コンドルが西の丸と紅葉山下の地盤調査を実施、さらに工部省のお雇い外国人ダイアックが謁見所・会食堂建設予定の西の丸の、より詳細な地盤調査を行った。ダイアックは、石造にふさわしい新しい基礎工法を提案したが、新素材であるコンクリートを用いるため巨額の費用がかかることが判明、赤坂からの謁見所・会食堂の移築は沙汰止みとなった。そして明治一三年一一月、〈洋風〉建築を一切中止し、西の丸に木造宮殿を建設することに決定した。翌一四年にはその計画図が作成され、四月に縄張《なわば》りも行われて、いよいよ造営に着手するようにみえた。

ところが、明治一四年五月に榎本武揚《えのもとたけあき》が宮内省御用掛に任命されると、再び事態は急転する。榎本が、一旦決定していた木造案をなぜ退けたのか、その経緯は不明だが、今度は山里地区に石造の〈洋風〉謁見所の建設を計画し、コンドルに設計を依頼、ダイアックらが地質調査を実施している。結果、山里地区の地盤が〈洋風〉建築に対し安全であることが確かめられ、翌明治一五年三月、山里地区に〈洋風〉の謁見所、吹上に木造奥向宮殿を建設することが決定し、五月二七日に皇居造営事務局（のち皇居御造営事務局と改称）が設置された。コンドルは、中止された赤坂仮皇居謁見所の材の再用を考慮しつつ、ボアンビルのネオ・バロック様式に古典的な要素を加味した設計案を作成した。

しかし、話はこれでもまだ決まらなかった。明治一五年八月、榎本武揚が清国全権大使として転出すると、たちまち木造宮殿案が再浮上し、明治一六年四月、巨額な費用を必要とすることを理由に〈洋風〉謁見所案は中止された。そして同年七月一七日、太政官は西の丸・山里地区に「木造仮宮殿」と煉瓦造の宮内省庁舎を建設することを決定、具体的な設計に着手した。工事は、明治一七年四月の地鎮祭に始まり、宮内省の主導で建設が進められ、明治二一年一〇月二七日に竣工した。

この経緯で興味深いのは、一貫して「日本風木造」と「西洋風石造」が対比して提示され、「和洋何レノ建築」にするかという意匠の選択が、そのまま木造にするか石造にするかという構造の選択に直結している点だ。つまり皇居造営計画では、構造と意匠が一体で捉えられ、最終的に「木造仮宮殿」の建設が決定した時点で、全体の様式としては〈和風〉を主とすることが同時に決まったことになる。「木造仮宮殿」との名称は、後に正式な宮殿を〈洋風〉で建設するとの含みがあったと思われるが、最後まで建てられることはなく、昭和二〇年の焼失まで存続した。

　明治宮殿の実施設計着手時点での〈和風〉の選択は、「石造より木造」という構造の選択に大きく左右されたといえる。

近代皇居の機能と空間

近代の皇室儀礼と表宮殿

こうして完成した明治宮殿は、どんな建物だったのだろう。

明治宮殿は、公的な機能・性格を持つ表宮殿と、天皇・皇后の生活空間である奥宮殿に大きく分かれる。公的な空間を「表」、私的な空間を「奥」と呼んで区別する方法は、内裏《だいり》（御所）や城郭御殿など、江戸時代の上層住宅の基本である。さらに、天皇・皇后に仕える女官たちの局《つぼね》や、祭祀空間である賢所《かしこどころ》（内侍所）が合わせて計画された点も、江戸時代の構成を踏襲する。

この明治宮殿は、先にみたようにかつての江戸城の本丸を除く範囲に計画され、表宮殿が西の丸、奥宮殿が山里地区、局が紅葉山《もみじやま》、賢所が吹上《ふきあげ》に位置する。宮殿の主要部に当たる西の丸と山里地区は、間に最大二〇尺（約六メートル）の段差があって、山里地区の方が高い。

西の丸と山里地区は、江戸城時代の図では境に堀や石垣はなく、塀で区切られるだけの地続きの構成だったが、明治宮殿造営時に石垣が築かれ、境界が明確にされた。また、表宮殿の一部は、西の丸の他の部分より二尺（約六〇㌢）ほど高く、山里地区との中間の高さに当たり、ここをとくに「中段」と呼んだ。

この表宮殿の敷地の高さによる区分は、そのまま用途の違いを反映する。明治宮殿の建物は、計画・工事段階での名称が完成後に改称されているためややこしいが、以下工事段階の名称で建物の用途をみると（括弧内は竣工後の名称）、「中段」には天皇が日常の政務を行う御学問所や内謁見所《うちえつけんしょ》、天皇を補佐する侍従たちの詰所《つめしょ》などが置かれ、残る地域に正式な入口である御車寄《おくるまよせ》や謁見所・饗宴所、それに付随する大小の溜の間《たまりのま》など、宮中儀礼のための主要な建物が置かれた。つまり、表宮殿は、儀礼の場と、天皇の日常の政務の場に明確に分けられ、後者が天皇の生活空間である奥宮殿に近い位置に置かれたといえる。

この表宮殿から順に、明治宮殿の姿をみてゆこう。

明治宮殿の正式な入口は、現在も残る二重橋である。橋を渡り、かつての西の丸大手門をくぐると、正面に唐破風《からはふ》屋根の御車寄がみえる。ここが公式の入口だが、他に東側に東御車寄もあり、紀元節や天長節、新年拝賀や国賓・外国公使の公式参内など朝儀・公儀には御車寄、それ以外の通常の謁見などには東御車寄が用いられた。御車寄と中庭を挟んで

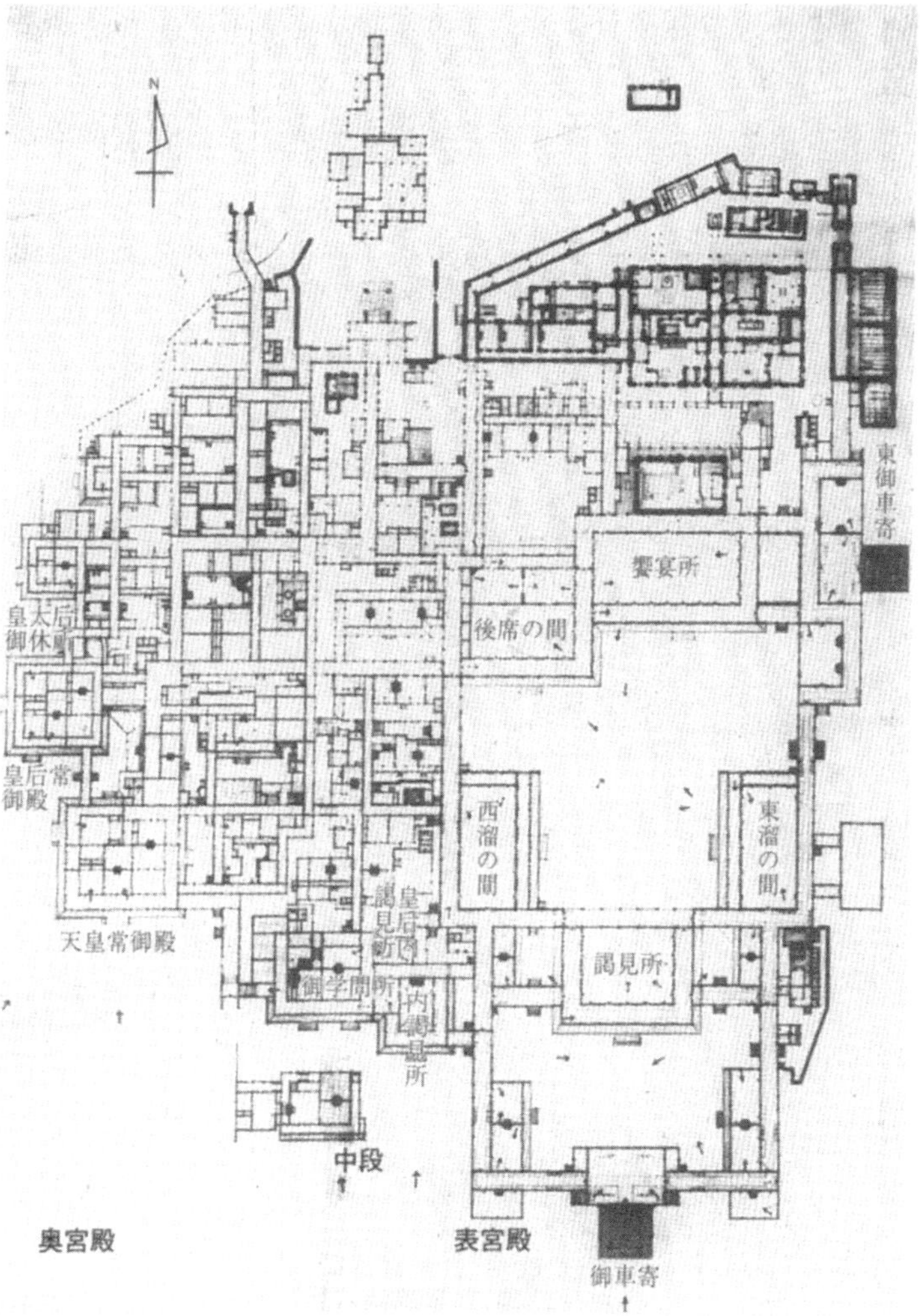

図20　明治宮殿平面図（『明治洋風宮廷建築』より）

建つのは謁見所（正殿）で、東・西脱帽所と廊下が左右対称に廻る。謁見所の奥には、さらに別の中庭を挟んで饗宴所（豊明殿《ほうめいでん》）と後席《あとせき》の間（千種の間・竹の間など）が建ち、中庭の左右に東・西溜の間が建つ。廊下で繋ぐ点は謁見所廻りと同様だが、饗宴所が中央に位置しないため左右対称がやや崩れ、さらに東側には先にみた東御車寄とその南・北の溜の間が附属する。

この謁見所・饗宴所廻りの構成は、明治一六年七月に木造での宮殿建設が正式に決定した後、何度か変更が行われ、当初は謁見所の周辺に計画されていた溜の間が、次第に饗宴所側に移されている。饗宴所の周囲に広い室面積を確保する一方、謁見所はその独立性が強調され、より視覚的な記念性が増したといえる。事実、完成後最初の大規模な式典である明治二二年二月一一日の憲法発布式では、謁見所（正殿）での式典の後、夜には大饗宴が催され、饗宴所（豊明殿）に天皇・皇后が臨席して一一九名が陪席、次いで南溜の間に八六名、北溜の間に七五名、「内閣」（東御車寄二階か）に七七名が陪席している。饗宴の後は、謁見所（正殿）で舞楽《ぶがく》が催され、終了後天皇・皇后が後席の間次室（竹の間）に移って約四〇名と立食の宴を催し、残る人びとは饗宴所（豊明殿）で陪席した（『明治天皇紀』）。複数の建物を一体として大規模な饗宴が行われたこと、列席者の身分で建物が使い分けられたことがわかる。また、一月二日の新年の朝拝では、明治三二年を例にみると、拝賀の人びとが饗宴所（豊明殿）を起点に南溜の間・東溜の間など東側一帯に立ち、さらにその列は西溜の間の西廊下、後席の間（千種の間）の南廊下などの南西一帯、さらに中庭を挟んだ謁見所の北側廊下にまで及んで、天皇・皇后がこの間を歩いて拝賀を受けている（『明治天皇紀』）。中庭を含め、複数の建物が群として儀式空間を形成したといえる。表宮殿の建物は、こうした近代ならではの朝儀や饗宴の空間として計画されたのである。

このため、表宮殿の内部はそれにふさわしい仕様が整えられた。謁見所・饗宴所を中心とする各建物は、いずれも床は寄木張《よせぎば》りで、立位や椅子座での儀式や饗宴に対応する。天井は、〈和風〉建築の折上格天井《おりあげごうてんじょう》を用い、東・西溜の間を除き、いずれも内法《うちのり》高や天井近くに長押《なげし》を廻すが、壁を織物で覆う点、周囲を廻る入側《いりかわ》縁との境にガラス戸を建てる点は〈洋風〉の要素といえる。出入り口の建具は「唐戸」と呼ぶ両開きの形式で、ガラス戸も同様だった。山崎鯛介氏の研究によれば、この表宮殿の内部意匠は、明治一七年の着工後、実際の内装工事にかかる明治二〇年までの間に設計変更が行われたといい、当初は板で計画していた天井の格間《ごうま》（格子状の縁の内側の面）を彩色文様の張付に変更し、壁も織物にするなど、より装飾性の高い意匠が目指された。同時に天井も、当初の計画より高く変更され、後にみるような壮麗な内部空間が演出された。

近世の座礼・床座の儀式から、立礼・椅子座の儀式へ。宮中儀礼の〈洋風〉化という変化に応じるため、表宮殿の内部空間は〈和風〉の骨格に〈洋風〉の要素を加味して創出されたのである。

御学問所と内謁見所

いっぽう、同じ表宮殿のうち「中段」は、御学問所（表御座所）と内謁見所（鳳凰の間）・皇后内謁見所（桐の間）を中心に構成され、いずれも儀式空間に比べて規模が小さい。

内謁見所（鳳凰の間）は、謁見所（正殿）に次ぐ建物とされ、謁見所（正殿）が国家や皇室に関わる大典など、ごく限られた特別な儀式にのみ用いられたのに対し、通常の謁見は内謁見所が中心とされた。その仕様は、用途と同様謁見所（正殿）に準じ、床は寄木張り、天井は二重折上格天井で、しかも格子状に縁を組んだその内側（格間）にさらに細かい格子を組む「小組《こぐみ》格天井」という形式を採る。これは、江戸時代の書院造《しょいんづくり》では最も上位に位置する仕様で、四方の壁に鳳凰が舞い飛ぶ姿を描くことから、後に「鳳凰の間」と改称された。廊下を挟んだ向かいには、ひとまわり小さい皇后のための内謁見所（桐の間）があり、明治二二年五月以降、日本人公使の着任・離任の際はまず天皇が内謁見所（鳳凰の間）で謁見し、その後この皇后内謁見所（桐の間）で妻とともに皇后が謁見するよう定められた。外国人公使の場合もそれに準じたとされる（中山和芳『ミカドの外交儀礼』）。『明治天皇紀』では、その規定通り国内外の外交官の謁見がこの二室で行われたほか、海外か

図21　明治宮殿謁見所（正殿）内部（『鳳闕』より）

らの来賓の参内、視察などで出国する軍人・学者などの拝謁も内謁見所で受け、勲章親授式にも用いられたことが確認できる。

いっぽう、御学問所（表御座所）は二階建てで、一階が天皇の日常の政務の場、二階が「学問」すなわち御進講《ごしんこう》の場として計画された。この御学問所一階の内部については、明治天皇崩御後まもなく撮影され、権典侍《ごんてんじ》であった園祥子によって明治神宮に奉納された四枚の写真が残る。一の間は、西面の中央に暖炉、その左に床《とこ》の間があり、暖炉を右脇にして天皇の執務机を置く。二の間も、北面に暖炉があり、一の間や三の間との境には框《かまち》に彫刻を施した建具を建てる。一の間・二の間とも、暖炉の上には写真立てが複数ならび、西洋人らしい肖像も

図22　明治宮殿御学問所内部（明治神宮蔵，『明治天皇の御肖像』より）

みられる。各国の君主の写真だろうか。二の間には彫像や時計が数々陳列され、一の間の机の背後にも慈しんだという馬の置物がみてとれる。少年時代、侍従職出仕として明治天皇に仕えた園池公致は、高さ三尺ほどのオルゴール時計の存在を記憶しており、時刻になると両手に桃の実を持った猿が現れ、時刻の数だけ桃を差し出すというこの凝った時計を含め、明治天皇は人びとが自分のコレクションをみる姿を楽しんだという（「明治宮廷の思い出」）。愛用の品々が並ぶ室内の姿は、床《ゆか》がいずれも絨毯敷きである点も含め、表宮殿の儀式空間に比べはるかに親密である。

しかし、この御学問所の一階は、日常の政務だけではなく、人と会う場でもあり、国務大臣や軍部の要職、皇族などの政務奏上や拝謁にはこの部屋が用いられた。その回数は年を追うごとに多くなり、『明治天皇紀』では、竣工翌年の明治二二年には、御学問所（表御座所）での拝謁は一年間に一三回しか記録がなく、総理大臣三条実美《さんじょうさねとみ》との面談などは「御内儀」つまり奥宮殿を用いているが、一〇年後の明治二二年には、大臣らとの面談は御学問所（表御座所）にほぼ統一され、その回数は一三六回に及ぶ。内謁見所（鳳凰の間）とは、同じ拝謁でも、国内・外での用務の差で部屋を使い分けたようだが、初期には内謁見所の使用比率が非常に高く、御学問所が低いことを考えると、御学問所の多様な使い方は当初から計画されたものではなく、実態に応じて生まれたようにみえる。また、さらに年代が下った昭和天皇の時代には、国務大臣らの政務奏上や拝謁は一階、書類などの裁可は二階、臨時の御進講は二階の二の間で行うよう使い分けている（『皇室事典』昭和一三年）。山崎鯛介氏によれば、赤坂仮皇居時代や明治宮殿の初期の計画も含めれば、御学問所の計画案は御陪食のための会食所を別棟で設ける案、それを二階に置く案など複数あり、明治一八年一月頃に実施案のような平面構成に決定したという。それほど御学問所の機能が複合的で決定しがたく、計画が難しかったのだろう。

近世の儀式を近代の空間で

注目したいのは、内謁見所（鳳凰の間）が謁見以外に、新年の御講書始《ごこうしょはじめ》や歌御会始《うたごかいはじめ》、節折《よおり》・大祓《おおはらえ》の儀など、近世に繋がる伝統的な宮中儀式の場としても用いられたことである。歌御会始は、遅くとも鎌倉時代まで遡る宮中行事で、明治七年から一般の詠進が認められ、現在も歌会始と名を変えて続いている。新年に、テレビなどで独特の節回しで和歌が詠まれる様子をみたことがある人も多いだろう。内謁見所という堅い建物で、歌会のような雅《みやび》な行事を行うことには一見違和感がある。また節折や大祓は、天皇が六月と一二月の晦日に行う祓えの儀式で、起源は平安時代に遡り、江戸時代には内侍所《ないしどころ》（賢所）という三種の神器のうち八咫鏡《やたのかがみ》（宝鏡）を祀る建物の前庭で行われていた。

この内謁見所の使い方は、江戸時代の天皇の住まいである内裏（京都御所）のうち、小《こ》御所《ごしょ》とよく共通する。小御所は、内裏において紫宸殿《ししんでん》・清涼殿《せいりょうでん》に次ぐ公的な建物で、中世以降に現れ、南北朝以降主要な建物とされた（藤岡通夫『京都御所』）。江戸時代、内裏は災害などにより八回建て替えられているが、このうち寛政《かんせい》二年（一七九〇）完成の造営の際、平安復古を意図したことがよく知られ、紫宸殿・清涼殿など儀式空間を中心に、平安時代をモデルとした設計が行われた。小御所も復古が検討された建物のひとつである。各建物の使い方を、この寛政度内裏以降で記録などからみると、紫宸殿では御即位式や種々の節会《せちえ》・朝賀が行われたのに対し、諸大名との対面はかならず小御所で行われ、寛政度以前は清涼殿が多かった新年の歌御会始や包丁始《ほうちょうはじめ》、御楽始・御講釈始なども寛政度以降は小御所に固定された。明治天皇が京都で催した最後の歌御会始が行われたのも小御所である。普段の歌会や管弦は、常御殿《つねごてん》や小御所、庭の御茶屋など場所が一定しないから、同じ芸能でも公的な性格を持つ「儀式」の場合のみ小御所を用いたといえる。

この小御所の、宮中の芸能に関わる諸儀式の場であり、かつ公式の対面の場でもあるという機能は、明治宮殿の内謁見所（鳳凰の間）と極めて近い。山崎鯛介氏によれば、内謁見所という呼称の建物は、明治一五年一二月の吹上での宮殿計画で初めて設けられ、その意匠は当初蔀戸《しとみど》や小組折上格天井、化粧屋根裏など御所風を意識し、とくに小御所に極めて近かったとする。これは決して偶然ではなく、小御所こそ内謁見所のモデルだったことを裏付ける。内謁見所の意匠は、その後の計画変更で蔀戸などが消え、御所風の雰囲気は薄れたが、謁見所（正殿）や饗宴所（豊明殿）が〈洋風〉の室内要素を強く加えたのに対し、内謁見所が床《ゆか》こそ寄木張りながら、小組折上格天井や金砂子《きんすなご》の張付壁《はりつけかべ》など伝統的な色彩を色濃く残したのは、近代的な謁見に加え、近世以来の宮中儀式を行うためだったともいえる。合わせて計画された御学問所もまた、このような近世の機能や性格を参照すれば、天皇の学問・政務以外には私的な対面・謁見を前提に考えられたはずで、御学問所の親密な内部空間はこれを反映したものだろう。しかし実際には、天皇の政治的な役割の増大により、当初の想定以上に重要視される結果となった。

このように明治宮殿は、近代ならではの宮殿建築だが、近代的な機能と同時に、江戸時代以来の伝統的な儀式の場としてのあり方も考慮された。それは、ちょうど寛政度内裏の平安復古が武家に対する天皇・公家のアイデンティティを強調するためであったように、宮中儀式の存続は天皇が長い歴史性を背負った唯一無二の存在であることを示す意味があった。明治宮殿の外観が内裏（京都御所）の建物と酷似していること、計画段階で内裏の平面や意匠が意識されたことはこれまでも指摘されているが、ただ形だけではなく、機能の面においてより強く、江戸時代の内裏が意識されたといえる。

表宮殿の計画では、近代の新しい機能を近世の内裏に読み替えながら理解に努めるとともに、近代宮殿としての内部空間をどう創出し、同時に近世以来の儀式の場を近代の空間にどのように併存させるか、その両立が意図されたのである。

さて、「中段」の御学問所から、廊下伝いに西へ進むと、天皇・皇后の私的な生活空間である奥宮殿に至る。

〈和風〉の意匠、〈洋風〉の生活

表宮殿も奥宮殿も、機能や性格ごとに建物の棟を分け、それを廊下などで繋ぐ点は同じだが、表宮殿は儀式空間として配置に図形的な意図がみられるのに対し、奥宮殿は建物を地形に沿って雁行《がんこう》形に並べる、江戸時代の御殿そのものの伝統的な配置を採る。天皇や皇后が用いる空間と、侍女らが用いる空間が、平行する廊下や杉戸《すぎと》で明確に分けられている点も近世的だ。

奥宮殿は、天皇・皇后・皇太后それぞれに別棟で設けた三棟の御殿を中心とする。「中

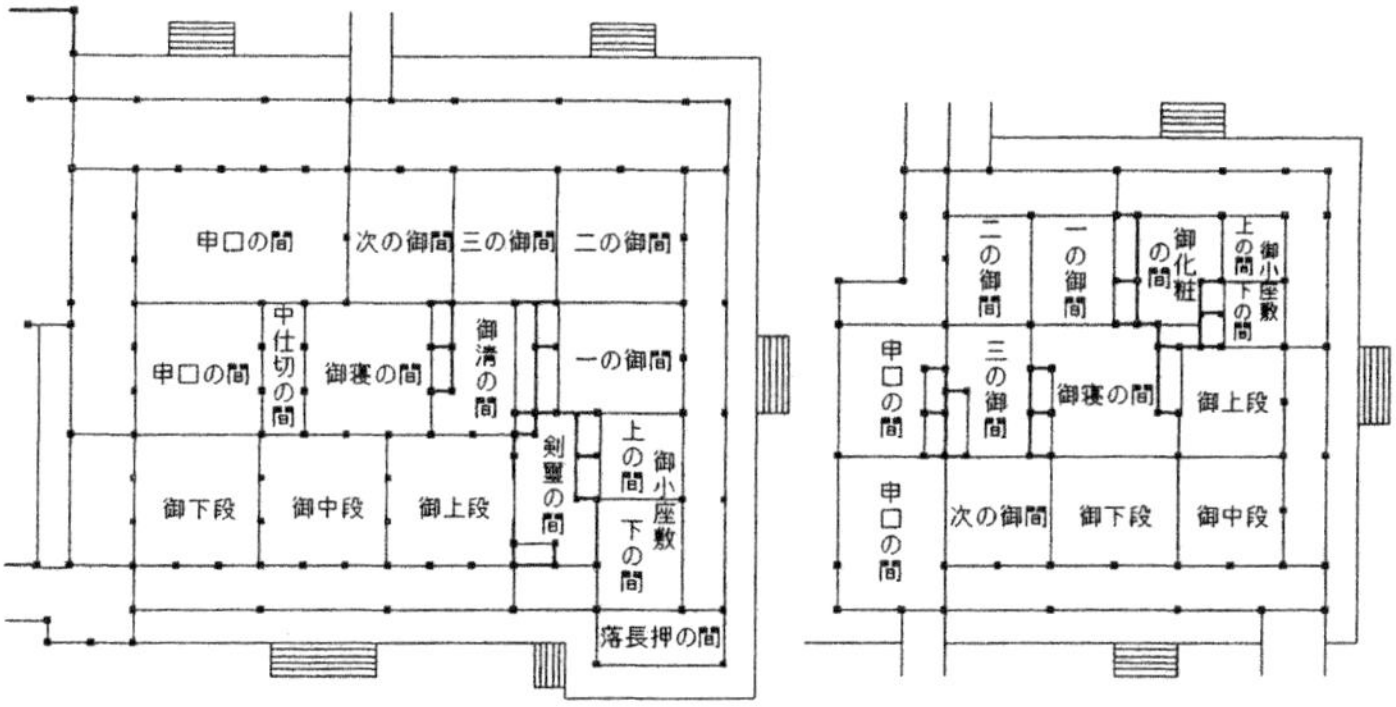

天皇常御殿　　皇后常御殿

図23　安政度内裏天皇常御殿・皇后常御殿平面図

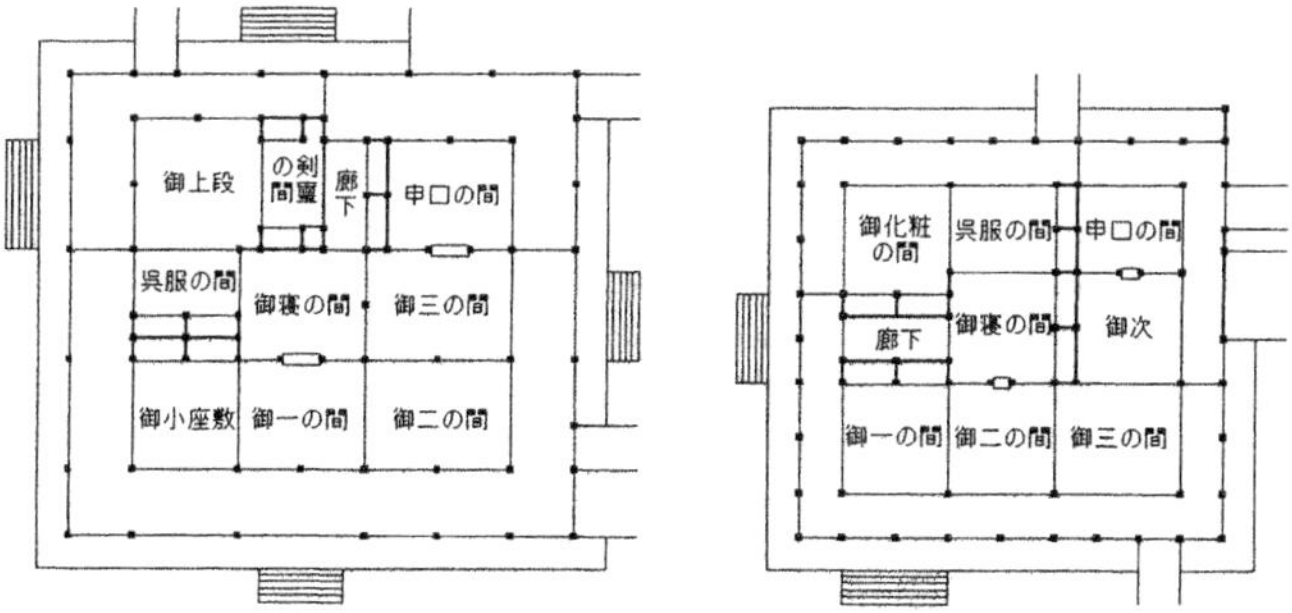

天皇常御殿　　皇后常御殿

図24　明治宮殿天皇常御殿・皇后常御殿平面図

段」の御学問所から一番近い場所に天皇の常御殿、次に皇后の常御殿、その奥に普段は別の御所に住む皇太后が皇居を訪れた際の御休所が並ぶ。天皇の御殿より皇后の御殿はひとまわり小さいが、全体を南北三列、東西三列の、計九室に分割する平面構成はそっくりで、外部に面さない中央の部屋が御寝《ぎょしん》の間（寝室）である。その南側に並ぶ御小座敷や一の間・二の間などと呼ぶ部屋が普段の御座所であり、書斎や食事の場もここに用意された。

この構成は、近世の住まいである内裏の常御殿と一見近いようにみえる。現在残る京都御所は、先の寛政度内裏の焼失後、安政《あんせい》二年（一八五五）に建てられたもので、明治宮殿同様、別棟で天皇常御殿と皇后常御殿を構える。どちらも、中央に御寝の間（寝室）を置き、南側に主要な部屋を並べる点、女官の詰所である申口《もうしのくち》を設ける点は明治宮殿と同じだが、平面はより複雑で、とくに上段・中段・下段など対面に用いる空間を用意する点が異なる。つまり、明治宮殿の常御殿の方が私的な生活に特化しているといえ、表宮殿と奥宮殿の機能を明確に分けた結果といえる。

明治宮殿が上段・下段など、床の高さに差を付けた対面空間を設けないのは、もうひとつ理由がある。大部分の部屋が床は畳ではなく絨毯で、椅子に坐る生活を前提としたためだ。上段・下段の構成は、畳の上にじかに坐るからこそ、座の高さで身分を表現し、対面の場を演出できるのであって、椅子座では当然用をなさない。明治宮殿の両常御殿は、周囲を廻る入側縁まで絨毯敷きで、またどちらも南列中央の御座所・寝室などに暖炉が設けられていた。明治天皇は、御座所の絨毯の上にさらに毛皮を敷き、暖炉の前に大卓を置いて書類を山積みにしたという（「明治宮廷の思い出」）。奥宮殿の常御殿は、平面は伝統的にみえながら、〈洋風〉の生活が持ち込まれたのである。

ただし、天皇・皇后いずれの常御殿にも畳敷きの部屋が存在する。天皇の場合、北西隅に位置する御上段と、その東の剣璽《けんじ》の間だ。「剣璽」とは、天皇の証である三種の神器のうち草薙剣《くさなぎのつるぎ》（天叢雲剣《あまのむらくものつるぎ》）と八尺瓊勾玉《やさかにのまがたま》を指す。剣璽の間は、それを納める部屋で、京都御所では常御殿のうち対面のための上段の背後に置かれたが、明治宮殿では対面の空間がなく、剣璽の間の専用の上段の間が設けられた。この二室が畳敷きなのは、「天皇」という位を象徴する最も伝統的な空間だからだ。剣璽は、天皇が一泊以

図25　明治宮殿天皇常御殿御一の間内部
（『明治宮殿の杉戸絵』より）

上の旅行で皇居を離れる際は侍従の手で随行され（剣璽動座）、また次代の天皇の即位に際し、新しい天皇のもとへ渡御《とぎょ》される。上段の間は、この剣璽動座や渡御の際、天皇や奉仕する侍従が坐す場所であり、日常的な用途より剣璽と天皇を神格化する意味が強いといえる。

いっぽう、皇后常御殿では、呉服の間と御化粧の間、御寝の間が畳敷きである。こうした最も私的な生活空間が、皇后のみ畳敷きで計画されたのは、衣服との関係も大きい。天皇がすでに明治五年から洋装に転じたのに対し、皇后の洋装を明治天皇が許可したのは明治一九年で、翌二〇年には洋装の肖像が制作され、女官たちの服装改革が行われた。洋装以前の皇后の衣服は、宮中独特の小袿《こうちぎ》と長袴《ながばかま》で、着替えに畳敷きの部屋は不可欠だった。皇后常御殿では、先の三室以外の部屋も絨毯の導入決定が天皇常御殿より遅く、山崎鯛介氏は明治一七年四月の図面ではまだ全室畳敷きで計画され、明治二一年に敷物の納入が行われたとする。同様に、皇后常御殿は暖炉の導入も遅く、明治一八年三月の図面では描かれていない。つまり皇后の空間では、〈洋風〉の衣服への転換の遅れから、〈洋風〉の生活要素の導入が竣工に近い明治二〇年にまでずれこんだことになる。

明治宮殿は、最も伝統的にみえる奥宮殿でさえ、ただの近世の直写ではなく、近代的な空間と生活が目指されたといえる。

〈和風〉のリバイバルモチーフ

明治宮殿は、それぞれの建物が異なる機能や性格を持ち、その機能に応じるための空間が時間をかけて検討された。その内部空間は、絵画や織物、装飾金具、漆工などの装飾の集合体であり、これら細部意匠によって各建物の機能にふさわしい空間が演出された。

細部意匠とそのモチーフ

では、これらの装飾はどのように選ばれたのだろう。表宮殿を例にみてみよう。『明治工業史　建築編』には、表宮殿の各建物の仕様や装飾が記されている。たとえば、謁見所《えつけんじよ》（正殿）は、天井は縁を黒漆塗《くろうるしぬり》にした二重折上格天井《おりあげごうてんじよう》で、格間《ごうま》に極彩色の文様を描く。周囲の壁には深紅の織物を張り、建具は黒漆塗、腰に鳳凰《ほうおう》と唐花を彫刻し、色漆で彩色する。上部の欄間《らんま》にはガラス戸を嵌《は》め込み、壁と同色の「緞帳《どんちよう》」つまりカーテンを懸ける。

問題は、この天井の格間や壁の織物、緞帳などの「文様」である。謁見所（正殿）の場合、二重折上格天井の二重部分の格間は「宝相花模様《ほうそうげ》」、曲面の蛇腹《じゃばら》は「慶雲宝花模様《けいうんほうげ》」、初重部分の格間は「菱形《ひしがた》宝花模様」、曲面の蛇腹は「古紋蜀葵《たちあおい》模様」で、いずれも意匠として「東大寺経函《きょうばこ》絵紋」「東大寺綾地錦紋」などと記す。「宝相花」「宝花」は宝相華を指し、蓮華や牡丹《ぼたん》と蔓草を組み合わせた空想上の花で、古くは飛鳥時代から用いられた文様だ。また「東大寺」は、東大寺の正倉院宝物を指すとみられる。つまり、謁見所（正殿）では、文様として宝相華など古代に遡るモチーフを選択し、かつその典拠を正倉院宝物に求めたことになる。

これは、他の建物でも同様だ。たとえば西溜《たまり》の間《ま》は、折上格天井の格間が「瑞雲《ずいうん》宝花模様」、蛇腹が「古紋山桜模様」で、いずれも「東大寺蔵」の器物や織物の文様を参照し、後席の間（千種の間）でも格天井に正倉院宝物から「古紋八重蜀葵模様」を選択する。奈良時代の正倉院宝物が典拠として多用されたことがわかる。

いっぽう、饗宴所（豊明殿《ほうめいでん》）は、やはり天井を二重折上格天井とするが、その文様の出典は「厳島神社《いつくしまじんじゃ》蔵経紙絵」すなわち厳島神社所蔵の「平家納経」と呼ばれる経文の料紙《りょうし》である。「厳島鉄仙《てっせん》模様」や「古紋菱形模様」は、この料紙下絵から採られたのだろう。

正倉院宝物や平家納経は、奥宮殿にもみることができる。明治宮殿完成の四年後に宮内省が編纂した『皇居御造営誌』によると、天皇常御殿の剣璽《けんじ》の間の襖《ふすま》・張付画に「正倉院鴨毛屏風ヨリ出《いだ》ス」とあるのをはじめ、天皇常御殿・皇后常御殿の諸室に「正倉院古裂《こぎれ》模様」「厳島納巻野菊模様」などが襖や張付壁、襖の縁、鏡の縁などの文様の出典として引用されたことを恵美千鶴子氏が指摘している（「明治宮殿の内部装飾―常御殿の襖・張付画を中心に―」二〇〇六年度美術史学会大会）。天井や壁などの「面」だけでなく、鏡縁のような本当に細かな意匠にまで典拠が存在することは驚きに値する。

正倉院宝物と平家納経。この二つが、いずれも日本の、平安時代以前の文物である点に注目したい。先にみた通り、明治宮殿の表宮殿は、近代ならでは〈洋風〉の儀礼に対応できる内部空間を目指し、また各建物の機能や平面については先行する近世の内裏（京都御所）を参考とした。とすれば、その意匠として〈洋風〉の文様を選ぶことも、また近世の内裏の意匠を参考にすることもあり得たはずだが、実際には〈和風〉の、しかも近世よりもっと古く、古代にまで遡って細部装飾の典拠を求めている。

さらに、この二つの典拠には、建物の性格や格による使い分けも存在する。表宮殿の場合、謁見所（正殿）は正倉院宝物、饗宴所（豊明殿）は平家納経のみであり、儀式の場と饗宴の場で典拠を使い分けたことが窺える。奥宮殿も同様で、天皇常御殿は正倉院宝物と平家納経の両方を用いるのに対し、皇后常御殿は平家納経に限定し、正倉院宝物を用いない。これは、正倉院が聖武天皇の七十七忌にその遺愛の品を光明皇后が献納したことに始まる「天皇の蔵」であり、その宝物を天皇家が受け継ぐ文物として重視したためと考えられ、平清盛という「武士」が奉納した平家納経より正倉院宝物を高位と捉えていたことになる。

正倉院宝物の引用

本当に正倉院宝物や平家納経の文様が参照されたのだろうか。宮明治宮殿は、先にみた通り昭和二〇年に焼失して現存しないが、宮内庁書陵部や都立中央図書館木子文庫には膨大な設計図書や天井画などの下絵が現存し、内部の古写真も残されている。実際に、これら天井や襖、壁張付の文様の出典を正倉院宝物から探してみよう。正倉院に収蔵される宝物は、染織裂《ぎれ》の断片なども含めると、北倉・中倉・南倉合わせて数万点ともいわれる。ここから、明治宮殿の文様と同じ図様を捜すのは宝探しのようだが、複数の建物で確認できる。

まず、表宮殿について、『明治工業史　建築編』で記載のあった天井に注目しよう。謁見所（正殿）の天井のうち、二重折上部分の格間は「宝相花模様」、出典は「東大寺経函絵紋」である。宝相華をモチーフに、華やかな彩色が施されたこの文様は、正倉院中倉の宝物「密陀彩絵《みつださいえ》唐花文小櫃」の箱表の文様と合致する。

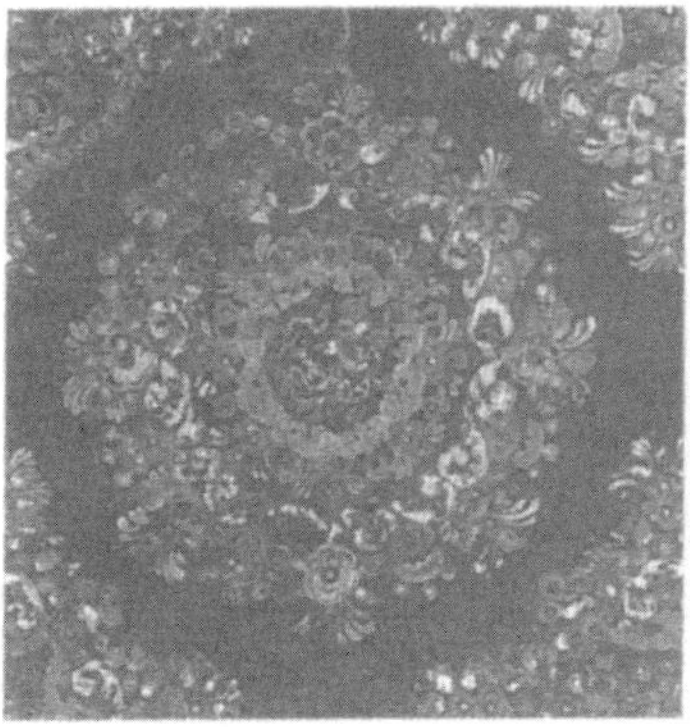

図27　正倉院宝物「密陀彩絵唐花文小櫃」（『正倉院宝物』より）

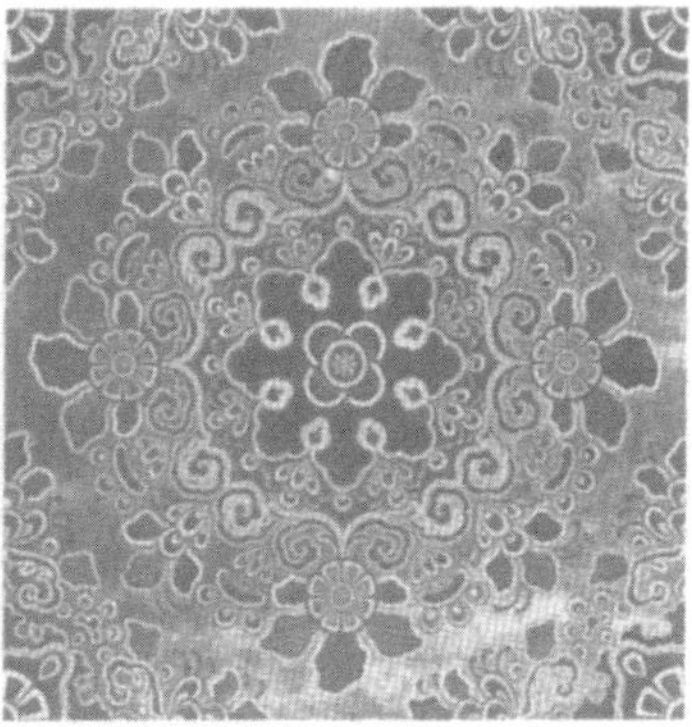

図26　明治宮殿謁見所天井二重折上格間（『皇居御造営誌付属図類』宮内庁書陵部蔵）

図29　正倉院宝物「紫地唐花文錦」（『正倉院宝物』より）

図28　明治宮殿東西脱帽所ほか壁張付（『皇居御造営誌付属図類』宮内庁書陵部蔵）

実は、正倉院宝物を基にしたのは、天井だけではない。謁見所（正殿）の場合、壁張付の織物も、正倉院南倉所蔵の袍《ほう》と呼ばれる上着の「双竜円文緑綾」を用い、東西脱帽所なども同様に、壁張付に正倉院宝物の「紫地唐花文錦」をそのまま引用する。また、御車《おくるま》寄《よせ》と東御車寄の二階は、格天井の格間は板のため文様がないが、壁はやはり織物で、二羽の鳳凰が向かい合うその図様は正倉院宝物の「赤地双鳳連珠唐草円文綾裂」と一致する。表宮殿は、正倉院宝物の文様で溢れていると言っていい。

もととした文様をそのまま用いるのではなく、アレンジする例もある。内謁見所（鳳凰の間）は、南入側の東端に「鹿桐模様」と題する杉戸《すぎと》が立ち、引違いの二枚の戸に一頭ずつ、雌雄の鹿が向かい合い、その左右に桐の木が立つ姿が描かれる。杉戸は、奥宮殿でも多く用いられるが、それらが伝統的な手法による「絵画」であるのに対し、内謁見所の杉戸は文様に近い。この鹿と桐は、正倉院宝物の「鹿草木夾纈《きょうけち》縮屏風」に典拠を見いだすことができる。ただし、本来は中央に桐の木が一本立ち、その左右に雌雄の鹿が立つ図様だが、明治宮殿ではこれを二枚の戸に分け、桐の木も二本とする。確かに出典は正倉院宝物だが、出来上がった杉戸は、青を基調とした彩色も含め、まったく新しい文様に仕上がっている。

いっぽう奥宮殿も、表宮殿に比べて装飾は少ないが、やはり古代文様の引用が散見する。

たとえば、先にみた通り、天皇常御殿剣璽の間の襖・張付画は「正倉院鴨毛屛風」が典拠とされ、「鴨毛屛風」は正倉院北倉の宝物「鳥毛篆書屛風《とりげてんしょ》」を指す。「鴨毛屛風」と呼ぶのは、この屛風の篆書の部分に鳥の羽毛が貼られており、これが長い間鴨の羽毛と誤解されていたためで、江戸から明治時代の呼称である。この「鳥毛篆書屛風」と剣璽の間の襖を比べても、一見一致するとは思えない。それは、主役である篆書、つまり文字の部分の印象が大きいためで、実は出典とされたのは下地の紙に施された文様である。吹き付けの手法で描かれた花卉や飛鳥の文様は、明治宮殿ではすべてバラバラにされ、向きや大きさも変えながら、襖全体に金砂子《きんすなご》や切箔《きりはく》とともに散りばめられる。天皇常御殿は、一の間の暖炉上部の鏡縁の文様も、正倉院宝物の「紫地鳳草丸文錦」の引用だが、やはりもとの図様を鳥や宝相華、唐草などひとつひとつの要素に分解し、あらためて並べ直して新しい文様を作っている。この鳥は、本来は鳳凰のはずだが、明治宮殿の天皇常御殿の下絵ではこの文様を「双鶴宝花蒔絵」と呼んでいて、鶴に変わっているのも面白い。

このように、明治宮殿では実際に正倉院宝物が出典として用いられたことが確認でき、その使い方に二つの方法が見いだされる。ひとつは、表宮殿の儀式空間にみるように、正倉院宝物をオリジナルの形を活かして引用する方法、もうひとつは表宮殿の「中段」や奥宮殿にみるように、正倉院宝物をモチーフとして用い、新しい文様を創出する方法である。

ここでは、後者のように、たとえ何をもとにしたのか、典拠が一目でわからないほどアレンジを加えようと、既存の意匠、しかも正倉院宝物や平家納経などごく限られた文物を典拠とした点に注目しておきたい。宝相華や鳳凰、竜のように伝統的で、しかも空想上の動植物を題材とする場合、写生などによる創作は困難で、既存の何らかの文物を典拠にすることは有りうることだが、アレンジの方法が異なろうとも同じ文物に出典が集約するのは、それを選ぶ強い意志があったことを示す。

正倉院宝物は、明治宮殿の内部空間の演出にとって、最強の存在だったのである。

正倉院宝物や平家納経などの出典は、どのように選ばれ、決定されたのだろうか。

〈和風〉意匠の創造

明治宮殿の室内装飾制作を指揮したのは、山高信離《やまたかのぶあきら》という人物である。山高は、幕臣堀利堅の八男として生まれ、山高家を継いだ実兄の病死によって養子となった。慶応《けいおう》三年（一八六七）の徳川昭武《あきたけ》のパリ万国博覧会参加に随行したことが転機となり、明治政府では明治四年に大蔵省に出仕して博覧会御用掛となり、明治八年には内務省博物館掛（のちの博物局）となって、内外の博覧会事業に多く携わった。明治一四年の農商務省新設による博物局の移管により移籍、明治一八年には博物局長に就任した（佐藤道信『明治国家と近代美術』）。

図31　正倉院宝物「鹿草木夾纈屏風」(『正倉院宝物』より)

図30　明治宮殿内謁見所(鳳凰の間)南入側杉戸(『皇居御造営誌付属図類』宮内庁書陵部蔵)

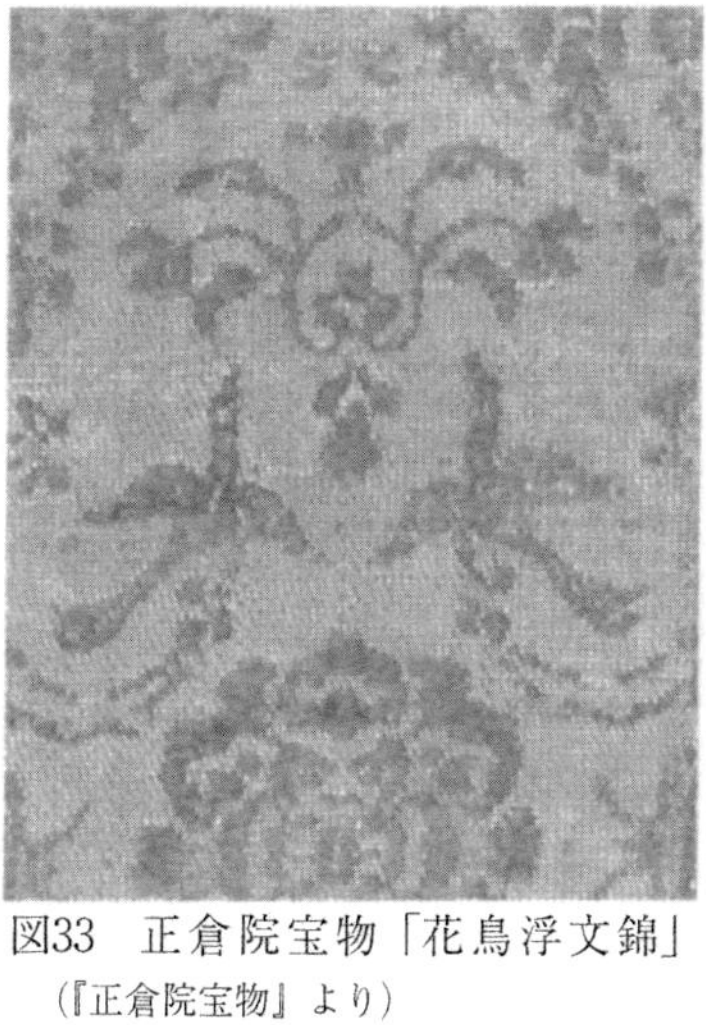

図33　正倉院宝物「花鳥浮文錦」(『正倉院宝物』より)

図32　明治宮殿天皇常御殿一の間鏡縁(『皇居御造営誌付属図類』宮内庁書陵部蔵)

この頃博物局が扱っていた仕事のひとつが明治四年の「古器旧物保存方」の布告による宝物の調査で、正倉院も明治五年に天保《てんぽう》四年（一八三三）以来の開封調査が行われ、明治八年にはその一部が奈良博覧会で展示された。同様に、厳島神社の平家納経も、明治八年の京都府博覧会に初めて出品されている。山高は、正倉院宝物や平家納経に近い立場にいたのである。

この山高信離が皇居御造営事務局への出仕を嘱託されたのは、『皇居御造営誌』によると明治一八年六月八日で、「御造営諸建具、襖及格天井等ノ、絵画ノ事業ヲ嘱託シタル」とあり、先にみた細部装飾すべてを統括する立場にあった。近代日本画の重鎮小堀鞆音《こぼりともと》は、その回顧談で、皇居の装飾の「係長」が「山高信離といふ人」であり、「非常に明晰なる頭脳を有し、榎本武揚《えのもとたけあき》などが、皇居の装飾は出来る丈けハイカラにしろといふ説を排し、極力国粋保存主義を力説し、正倉院の御物や、京都奈良の代表的古美術の粋を取り、これを新しき様式に搗《つ》きかへて、襖から格天井、各室各間の揮毫《きごう》に当つた」（金井紫雲「還暦の鞆音翁」）と述べている。山高が、正倉院宝物などの意匠を意図的に収集し、「新しき様式」にアレンジして用いたことが確認できる。恵美千鶴子氏・山崎鯛介氏の研究によれば、皇居御造営事務局は内部装飾の参考にさまざまな絵画資料を蒐集しており、山高が皇居造営に関わる以前、明治一七年には江戸城本丸御殿や京都御所の障壁画の画題や下絵を取り寄せているのに対し、山高出仕後の明治一八年には「正倉院製図」「古模様」、翌一九年には「厳島神社蔵経模本」「東大寺古物器模様」や「丹鶴図譜」「集古図譜」が加えられている。「丹鶴図譜」「集古図譜」は、ともに古い文物を模写によって集成した江戸時代制作の図録であり、「正倉院製図」などは明治五年から行われた宝物調査で作成された模写だろう。つまり、明治宮殿の襖や壁張付は、当初は焼失前の江戸城の御殿や江戸時代の内裏（京都御所）の先例に倣い、障壁画の制作を検討していたが、山高の参加を契機に古代文様の引用という方法へ転換したことになる。明治宮殿の内部意匠は、山高の手によって近代としての新しい方向へ歩み出したといえる。

しかし、なぜ正倉院宝物や平家納経など古代文様が重視されたのだろうか。これは、たんに山高が精通していた文物だからというだけではないだろう。平安時代を憧憬し、古代の儀式の再興や文化の再生を目論む動きは、江戸時代後期の公家社会にすでにみることができる。その最も明確なモニュメントこそ先にみた寛政《かんせい》二年（一七九〇）完成の内裏（京都御所）で、有職故実《ゆうそくこじつ》家や大工、絵師らの考証と技能を集約し、平安宮内裏への復古が図られた。明治宮殿での古代文様の採用は、これら江戸時代以来の天皇・公家たちの動きの延長上にあるとも考えられるが、正倉院宝物というさらに古い時代の文物を最も高位に扱う点に特徴がある。

古代意匠の意図的な採用は、西欧ではより顕著である。たとえば一九世紀初頭のフランスでは、古代ギリシャ・ローマの建築様式の復興が全盛であり、ナポレオン一世は凱旋門や「栄光の神殿」（後のサント・マドレーヌ聖堂）など記念碑的な建築を壮麗なグリーク・リバイバルで建設した。その背景に、皇帝となったナポレオン統治下のフランスを古代ローマ大帝国に比する意図があったことが指摘されている。明治宮殿の場合も、正倉院という「天皇の蔵」の意匠を重用したのは、天平や平安という天皇が統治していた時代を明治時代になぞらえる意図があったことは想像に難くない。

明治宮殿の〈和風〉意匠は、「天皇が統治する時代」であった古代への強い憧憬を背景に、古代文様を明確な意図をもって選択し、近代にふさわしい新しい内部空間を創出した、近代日本におけるクラシカル・リバイバルなのである。

明治宮殿から貴賓室へ

泉布観と明治天皇

明治宮殿から離れて、今度は大阪のひとつの建築をみてみたい。淀川《よどがわ》の北岸、大阪城の対岸に当たる天満の一角に「泉布観《せんぷかん》」と呼ばれる〈洋風〉建築がある。この場所は、明治政府が明治四年に創業した造幣寮《ぞうへいりょう》の敷地内で、泉布観は創業の前年、明治三年一一月にイギリス人技師ウォートルスの設計で完成した。当初は「応接所」と呼ばれ、造幣寮という近代の先進施設を視察に訪れる貴賓の接待のための建物だった。

泉布観という名を付けたのは、明治天皇である。明治五年の西国巡幸の往路、天皇は大阪・京都を来訪、同年六月四日に造幣寮に到着した。そのとき行在所《あんざいしょ》に充てられたのがこの応接所で、天皇は三晩をここで過ごしている。大阪を発つ際、貨幣を鋳造する造幣寮にちなみ、「泉布」すなわち貨幣の「観」（館）という意味の泉布観の名を賜った。
明治天皇は、この後二度、この泉布観を訪れている。二度目は明治一〇年二月、父・孝明天皇の一〇年式祭のための西国行幸の折で、泉布観に二泊した。このとき、泉布観は外部にイルミネーションが施され、玉座の周りは〈洋風〉の人形やオルゴール、「西洋額」つまり洋画の額などで飾られた。そして、三度目が明治三一年一一月、陸軍特別大演習統監の際で、三度とも天皇の玉座は二階の北東隅の部屋に設けられた。現在みる玉座の間の内部空間は、最後の行幸、明治三一年のときの姿を残している。

この明治三一年と前の二度がやや異なるのは、このとき泉布観は造幣寮のものではなく、宮内省に敷地ごと移管されていたことだ。つまり、明治天皇が三度目に訪れた泉布観は「皇室の建物」であり、天皇を迎える準備もまた宮内省が行った。このため、明治三一年の行幸では、宮内省御用達の家具商杉田幸五郎（杉田商店）が室内装飾を担当し、京都の織物商の二代川島甚兵衛（川島織物）がその織物を請け負った。

この杉田幸五郎と二代川島甚兵衛が、泉布観と明治宮殿のインテリアを繋ぐ人物である。杉田幸五郎は、古道具商として身を興し、家具の修理から次第に洋家具の製作や室内装飾に事業を広げた。後に東京の築地に工場とショールームを設置、明治一九年には明治宮殿の室内装飾品調査のため渡欧した片山東熊《かたやまとうくま》に同行して宮殿や家具工場を視察し、帰国後明

図34　泉布観外観（大阪府）

治宮殿のうち国産家具を担当した。いっぽう、二代川島甚兵衛は、京都の呉服商であった初代川島甚兵衛の子として嘉永《かえい》六年（一八五三）に生まれ、長じて美術織物の制作に関わった。明治一八年の東京での五品共進会に出品した作品が当時の農商務大臣品川弥二郎の目にとまり、明治一九年に品川が駐独特命公使として赴任する際同行してヨーロッパ各国を視察、とくに建築内部を飾るタペストリーなど装飾織物に関心を持った。帰国と同時に、当時造営が進んでいた明治宮殿の内装用織物の制作受注を嘆願、飯田新七（高島屋）らとともに担当した。川島が納入したのは、表宮殿の謁見所（正殿）他の壁張織物・緞帳《どんちょう》・窓掛・柱隠などで、後に東・西溜《たまり》の間の壁面を飾る綴織《つづれおり》壁掛も納めている。明治三一年の泉布観の玉座は、宮内省管轄の施設だったことから、杉田幸五郎と川島甚兵衛という明治宮殿の経験者が担当することになったのである。

泉布観の玉座の間内部をみてみよう。壁は深紅の布張、窓にはカーテンを掛ける。カーテンは、鳳凰《ほうおう》に菊唐草の織地の周囲に宝相華《ほうそうげ》文様を配し、壁は牡丹《ぼたん》、カーテンボックスには桐の彫刻を施す。それぞれの文様の具体的な出典を見付けることはできないが、菊・桐・鳳凰・宝相華・牡丹という高貴な身分を示す日本の伝統的なモチーフが選択され、そのモチーフによって室内が統一されている。これは、明治一〇年の行幸での玉座の間の装飾がオルゴールなど〈洋風〉の品々を飾ることに終始したのに対し、明治三一年には織物などの文様によって統一された空間を表現する室内装飾へ進化したこと、その主題が〈和風〉へと変化したことを示す。この明治三一年の玉座の間については、杉田幸五郎の計画図やスケッチが残されており、全体の計画は杉田が立案したようだ。明治宮殿完成の一〇年後には、明治宮殿の内部空間の表現方法が、杉田幸五郎や川島甚兵衛など制作者を通して、他の建物でも採用されたのである。

天皇の〈和風〉の定型化

川島甚兵衛は、その後明治三六年にも、明治天皇の大阪での第五回内国勧業博覧会行幸時に、会場の便殿《びんでん》の室内装飾を担当している。便殿とは、天皇・皇后・皇太后・皇太子・皇太子妃のための休憩場所を指し、定期的に天皇などが訪れる施設では専用の部屋が常設された。一般には、他の皇族・華族の使用も含め、貴賓室と呼ぶことが多い。

東京・神奈川では、大正一二年（一九二三）の関東大震災後いっせいに公共建築が復興され、その多くに貴賓室が設けられた。大正末から昭和初年の狭い年代幅に事例が集中することもあり、この貴賓室の内部空間には共通点が多い。なかでも、明治宮殿や泉布観にみるような〈和風〉の装飾を有する現存例として、神奈川県庁舎（神奈川、昭和三年）・横浜商工奨励館（神奈川、昭和四年）・軍人会館（東京、現・九段会館、昭和九年）・東京帝室博物館（東京、現・東京国立博物館本館、昭和一二年）・帝国議会議事堂（東京、現・国会議事堂、昭和一一年）などがある。

国会議事堂の便殿は、まさに装飾で包み込まれた空間だ。二重折上格天井《おりあげごうてんじょう》の格間《ごうま》も、壁の織物や絵画、床の絨毯やカーテンも、すべて文様で埋め尽くされ、柱など木部には彫刻を施し、飾金具を打つ。カーテンは鴛鴦《おしどり》と宝相華の文様、木部や扉の金物は宝相華、天井には唐花、小壁や鏡上部には鳳凰が飛ぶ。やはり鳳凰と宝相華・唐花が頻出する。鳳凰を天皇の象徴とするのは近世にも用いられた手法だが、現存する京都御所の天皇常御殿上段の間の障壁画が鳳凰と桐の樹を組み合わせるように、近世の障壁画や工芸では桐または桐・竹と鳳凰、牡丹と鳳凰の組み合わせを定型とする。いっぽう宝相華文は、古くは飛鳥時代から用いられ、奈良・平安時代に種々の花の要素を盛り込んで日本化し、鎌倉時代以降蓮華文や牡丹文に主流が移ったとされる。つまり、鳳凰と宝相華もまた、時代を超えて、近代に復活した組み合わせなのである。国会議事堂以外にも、貴賓室の装飾のモチーフは、宝相華・鳳凰と牡丹や唐草などの組み合わせが圧倒的に多い。むしろ鳳凰を天皇の象徴とすることを当たり前に感じるのは、実は私たちが、明治以降に多用された鳳凰の図像に慣らされたからかもしれない。現在の私たちが「伝統的」と感じる意匠は、近代に創られたものが意外に多いといえる。

同様に、神奈川県庁舎の貴賓室は、扉金物や照明器具、カップボード（食器棚）などの彫刻に宝相華を多用する。その図像は、年代などによって異なる宝相華文の中でも、平等院鳳凰堂の天蓋（仏像上部の装飾）にみるような平安時代の華やかな特徴をよく備える。入口の扉上部の桜と橘の彫刻は、京都御所の「左近の桜」「右近の橘」にちなむのだろう。ひとつひとつの小さな装飾が、貴賓室という部屋の性格を表現するために選ばれたことがわかる。

注目したいのは、ここにもまた正倉院宝物を典拠とする文様がある点だ。扉に張られた織物は向かい合う鳳凰の文様で、正倉院宝物の「赤地双鳳連珠唐草円文綾裂」を引用する。これは大きさこそ異なるものの、明治宮殿の御車寄《おくるまよせ》二階の壁張付と同じ図様で、御車寄

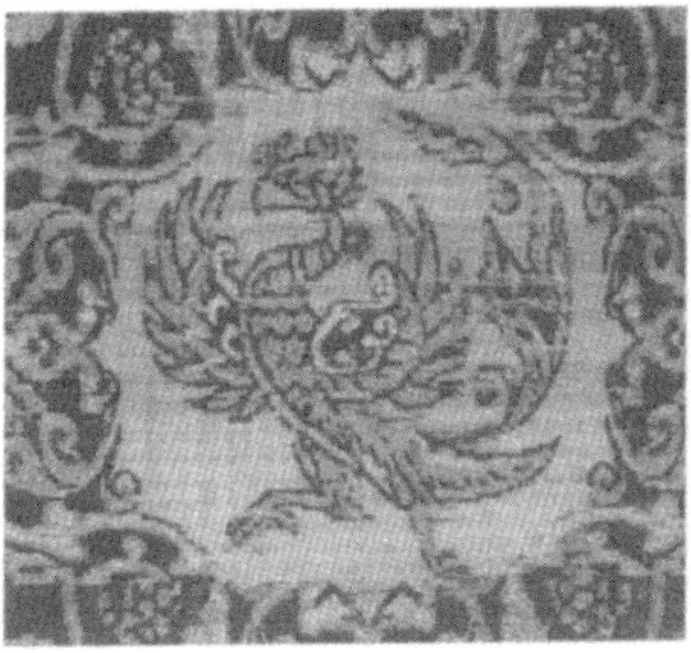

図36　正倉院宝物「紫地鳳唐草円文錦」(『正倉院宝物』より)

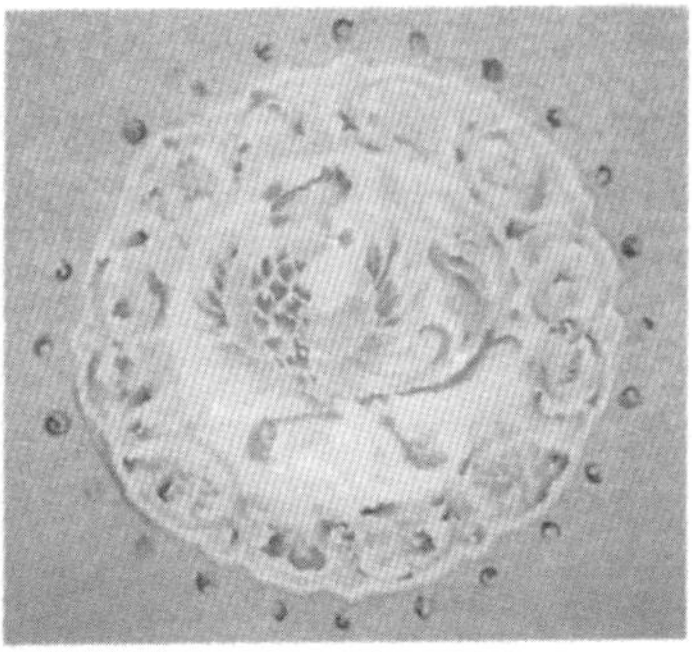

図35　神奈川県庁舎貴賓室衝立(神奈川県)

図38　正倉院宝物「赤地双鳳連珠唐草円文綾裂」(『正倉院宝物』より)

図37　神奈川県庁舎貴賓室扉張付

図39　明治宮殿御車寄2階壁張付(『皇居御造営誌付属図類』宮内庁書陵部蔵)

は当初紙張で計画されたため、下図では図様が異なってみえるが、後に織物に変更され、古写真にみる様相は神奈川県庁舎とよく一致する。また、衝立《ついたて》の絵画は、鳳凰の周囲を唐草文で円形に囲んだ図様だが、これも正倉院宝物の「紫地鳳唐草円文錦」とよく一致する。神奈川県庁舎は、設計公募で一等となった小尾嘉郎の原案をもとに、県の内務部の実施設計で建てられたもので、工事概要に「貴賓室、正庁、議場、会議室、其他ノ設備ト装飾トハ日本風ヲ基調」としたとあるように、後に「帝冠様式」と呼ばれる日本的な意匠を加味した公共建築の早い例とされる。工事概要には、さらに「其ノ模様等モ古代ノ建築ニ範ヲ採リ」とあり、その文様は明治宮殿と同様、古代に範を採ったことになる。この神奈川県庁舎の室内装飾工事を担当したのも、先の国会議事堂の便殿を担当したのも、三代目の川島甚兵衛であり、具体的な装飾が業者の手で定型化し、「天皇」「日本」「伝統」を表現する意匠として、広く流布していったといえる。

〈和風〉は、「伝統の継承」「過去からの連続」と説明されることが多い。しかし、明治宮殿や貴賓室にみる〈和風〉は、過去の姿を漠然と踏襲したのではない。むしろ、直前の時代である近世とは似て非なるものであり、天皇・皇族にふさわしい「時代」と「意匠」をモチーフとして選び、新たに創作されたものである。明治宮殿や貴賓室の〈和風〉は、近代という時代が生んだ、近代独自のデザインなのである。

東宮御所

隠された〈和風〉装飾

東宮御所の造営計画

住まなかった住宅

東京都港区元赤坂二丁目。四谷駅から続く道の正面に、壮麗なネオバロック様式の宮殿が建つ。現在の名称は迎賓館《げいひんかん》赤坂離宮。内閣府所轄の国賓・公賓用迎賓施設である。明治三二年（一八九九）七月着工、明治四一年六月竣工。明治時代の最後を飾るにふさわしい建築であると同時に、日本近代建築史上、「日本における西洋建築学習の集大成」と評されてきた。幕末以来、日本人が学び続けてきた本格的な西洋の様式建築を完全に消化し、自らの手で形にした姿が、この迎賓館なのである。

ただし、この建物の本来の用途は「住宅」である。当時の東宮（皇太子）嘉仁《よしひと》親王とその妻・節子《さだこ》妃のため、東宮御所として建設された。明治天皇の跡継ぎである嘉仁親王は、

図40　東宮御所（現・迎賓館赤坂離宮）

天皇にとって無事成人した唯一の皇子である。明治天皇は五男十女を儲けたが、成人したのは四人の皇女と嘉仁親王のみだった。嘉仁親王もまた、幼少期から病気を繰り返し、何度か重態に陥ったほど身体が弱かったが、次代の天皇として期待を一身に受けて成長した。その嘉仁親王の住まいとして、国家的なプロジェクトにより建設されたのが現在の迎賓館であり、もちろんただの「住宅」ではなく、当初から国賓接遇の役割も担っていた。

しかし、主となるはずだった嘉仁親王は、結局一度も完成した建物に住むことはなかった。一説には、明治天皇が完成した建物を見て「贅沢だ」と発言したためとされるが、明らかではない。嘉仁親王は、立太子後、最初はこの赤坂離宮の敷地内の花御殿、明治三一年以降は地続きの青山御所内に設けられた〈和風〉の東宮御所に、明治天皇の崩御により大正二年七月に明治宮殿へ遷るまで住み続けた。その後、裕仁《ひろひと》親王（昭和天皇）が東宮時代、大正一二年から約三年間ここを御所とし、明仁親王（今上天皇）も一時暮したが、いずれも短期間で、戦後は国に移管されて国会図書館などに用いられた。迎賓館となったのは、五年間の大改修を経た昭和四九年のことである。

実際には住まなかった住宅。しかし、その設計に当たっては、次代の天皇・皇后の「住まい」にふさわしい平面・様式・意匠が模索されたはずである。住宅は一般に「生活の器」といわれるが、ではこの建物に想定された東宮・東宮妃の「生活」とはどのようなものだったのだろうか。

東宮御所に秘められた東宮・東宮妃の生活像とその内部空間をみてゆこう。以下建物名は、混乱を避けるため、とくに必要がない限り、当初の名称である「東宮御所」に統一する。

東宮御所の造営計画

話は、嘉仁親王の誕生に遡る。嘉仁親王は、明治一二年八月三一日、明治天皇の侍妾《じしょう》のひとり、柳原愛子《やなぎはらなるこ》を母として誕生した。幼名は明宮《はるのみや》、明治二〇年に数え九歳で美子《はるこ》皇后の儲君《もうけのきみ》、すなわち皇后の実子とされ、明治二二年一一月一〇日立太子式が行われて、正式な跡継ぎたる東宮（皇太子）となった。

この立太子後、嘉仁親王の東宮妃選定が本格化する。天皇の正妻は、江戸時代には皇族か五摂家から選ぶことが慣例であり、明治二二年制定の『皇室典範』にも「皇族ノ婚嫁ハ同族又ハ勅旨ニ由リ特ニ認可セラレタル華族ニ限ル」と定められていたから、対象となる女性は限られる。そこで、当時一〇歳の徳川家貞《いえさだ》公爵の妹国子を筆頭に、わずか五歳の北白川宮貞子女王まで、嘉仁親王と年齢が釣り合う候補者が内親王の遊び相手という名目で集められ、密かに選考が行われた。その結果、明治二六年五月、嘉仁親王と六歳違いの伏《ふし》見宮禎子《みのみやさちこ》女王が東宮妃に内定し、三年後の明治二九年には天皇・皇后が伏見宮家を訪れて禎子女王と対面した。

しかし、禎子女王は東宮妃にならなかった。明治三一年、侍医ベルツの診断で禎子女王に肺疾患の跡が見つかり、内定が取り消されたためである。最終的に東宮妃に決まったのは公爵九条道孝《くじようみちたか》の四女節子。東宮はこの五歳年下の姫君と明治三三年五月一〇日に結婚式をあげた。「別段優れたる御長所なきも、又何等の御欠点も之無き」ながら「健康申分なし」と、妃候補に推薦した華族女学校長下田歌子《しもだうたこ》は評している。病弱な東宮に対し、東宮妃には健康が何より重視されたのである。

この章の主人公である東宮御所の造営は、まさにこの東宮妃選定と平行して進められた。

図41　東宮嘉仁親王・節子妃

東宮御所の御造営調査委員会が設置されたのは明治二六年、最初の伏見宮禎子女王が東宮妃に内定した年である。その後、実際の設計と工事を担当する造営組織・東宮御所御造営局が明治三一年に開局、翌年七月二八日に地鎮祭が行われて、工事がスタートした。まさに九条節子の東宮妃内定が告げられる一ヵ月前のことだった。約一〇年後に東宮御所が完成したとき、すでに東宮夫妻には三人の皇子が誕生していた。東宮御所の設計や工事は、東宮の妃選び、結婚、皇子誕生という人生の節目と歩調を合わせるように進んでいる。つまり、東宮御所は、東宮ひとりのためではなく、妃がおり、次々代の天皇たる皇子がいる、皇室の「家族像」を視野に入れて建設されたといえる。

この東宮御所造営の実務を主導したのは、片山東熊《かたやまとうくま》である。明治一二年に工部大学校造家学科を卒業した、日本人建築家第一期生四名のひとりであり、皇室関連の造営を担当する宮内省内匠寮《たくみりょう》の技師だった。明治二九年に東宮御所御造営調査委員を拝命し、御造営局設置後は技監として工事を総括した。片山は、明治三〇年三月に渡欧し、約一年一ヵ月をかけてアメリカ・イギリス・フランス・ベルギー・オランダ・ドイツ・オーストリア・ギリシャ・イタリア各国の宮殿建築を調査、さらに明治三二年にも鉄骨・暖房設備の調査と発注のために渡米、明治三六年には室内装飾品の調査と発注のため再び渡欧している。三度の渡航に、欧米に匹敵する宮殿建築を造ろうとする意気込みが強く感じられる。一般に、フランスのベルサイユ宮殿やルーブル宮殿を模倣したと指摘されるが、直接参考にした建物名は造営当時の記録になく、定かではない。

実際の工事の経過を『東宮御所工事録仕様書』（宮内庁書陵部所蔵）の書類の年紀から辿ると、着工後まず基礎工事に掛かり、明治三五年前半から地下・階下（一階）、明治三六年前半から階上（二階）の煉瓦《れんが》・石積みに進み、同年七月に屋根の銅板を注文している。内部に取りかかるのは明治三七年からで、装飾の取り付けは明治三九年頃に集中する。つまり、現在みる壮麗な内部空間は、三度目の渡欧の後に決定されたことになる。家具類は、すべてフランス・ドイツへの注文による製作で、天井を飾る油絵の一部もフランス人画家ペルワに描かせた。

こうして、明治四一年六月一五日の建物・庭園の引き渡し、翌年六月の残務整理まで、計画から一五年の歳月と五〇〇万円（現在の約一三〇億円）以上の費用を掛け、明治時代最大のモニュメントは造られたのである。

では、まずこの壮大な東宮御所の全体像を眺めてみよう。

東宮御所の平面

東宮御所については、建設時の図面や仕様書が宮内庁書陵部に保存されているほか、竣工後に撮影された写真帖や、建設経緯や各室の解説を記した『東宮御所御造営誌』が存在する。『東宮御所御造営誌』の説明は、『明治工業史　建築編』という書物にほぼ引用され、建築界に広く流布した。以下、『東宮御所御造営誌』を参照しつつ、東宮御所の平面をみてゆこう。

東宮御所は、地下一階・地上二階の三層から成る。全体は、前棟と後棟に分かれ、さらにこの二棟を中央および東西の三棟で連結する。このため、各棟は二つの中庭を囲むように位置し、また前棟は正面側に東西両端を突き出して、湾曲した廊下で繋がれる。言葉で説明するとまどろっこしいが、正面からみると、曲面が大きく左右に張り出した左右対称の構成である。このように正面の左右を湾曲させる手法は、同じ年に完成したウィーンの新王宮（一九〇八年）にもみられ、極めて記念性が強い。ただし、完全に左右対称といえないのは、東側のみ前棟と後棟を繋ぐL字型の廊下があり、西側にはないもう一つの中庭を持つからで、後述のように東側には和館の建設も計画されていた。この微小な相違はあるものの、全体はほぼ左右対称の平面であり、一、二階とも内部の部屋も対称に設けられている。

この延床面積約四六六〇坪の平面のうち、地階は厨房や設備関係など裏方の機能に当たる。さらに、『東宮御所御造営誌』によれば、一階は「階下全部を以て両殿下常時御用の各室」つまり東宮・東宮妃の日常生活の場に充て、いっぽう二階は「公式の御引見国賓の接遇、其の他の儀式に御使用の室」つまり謁見や饗応など公的な儀式の場だった。一階を私的空間、二階を公的空間と分けるゾーニングは、西洋の宮殿建築の定番のひとつといえる。

正式な玄関は正面中央に設けられ、壮麗な大階段が一気に二階へと来賓を誘う。大階段の正面には朝日の間、後方には彩鸞《さいらん》の間、階段を挟んで東棟に花鳥の間、西棟に羽衣の間が位置する。この四室が、東宮御所の最も主要な部屋であり、朝日の間・彩鸞の間の二室は工事中「第一溜之間」「第二溜之間」と呼ばれた控室、花鳥の間は「饗宴室」、羽衣の間は「舞踏室」だった。まさに賓客を招いてのレセプションや舞踏会が想定されていたので

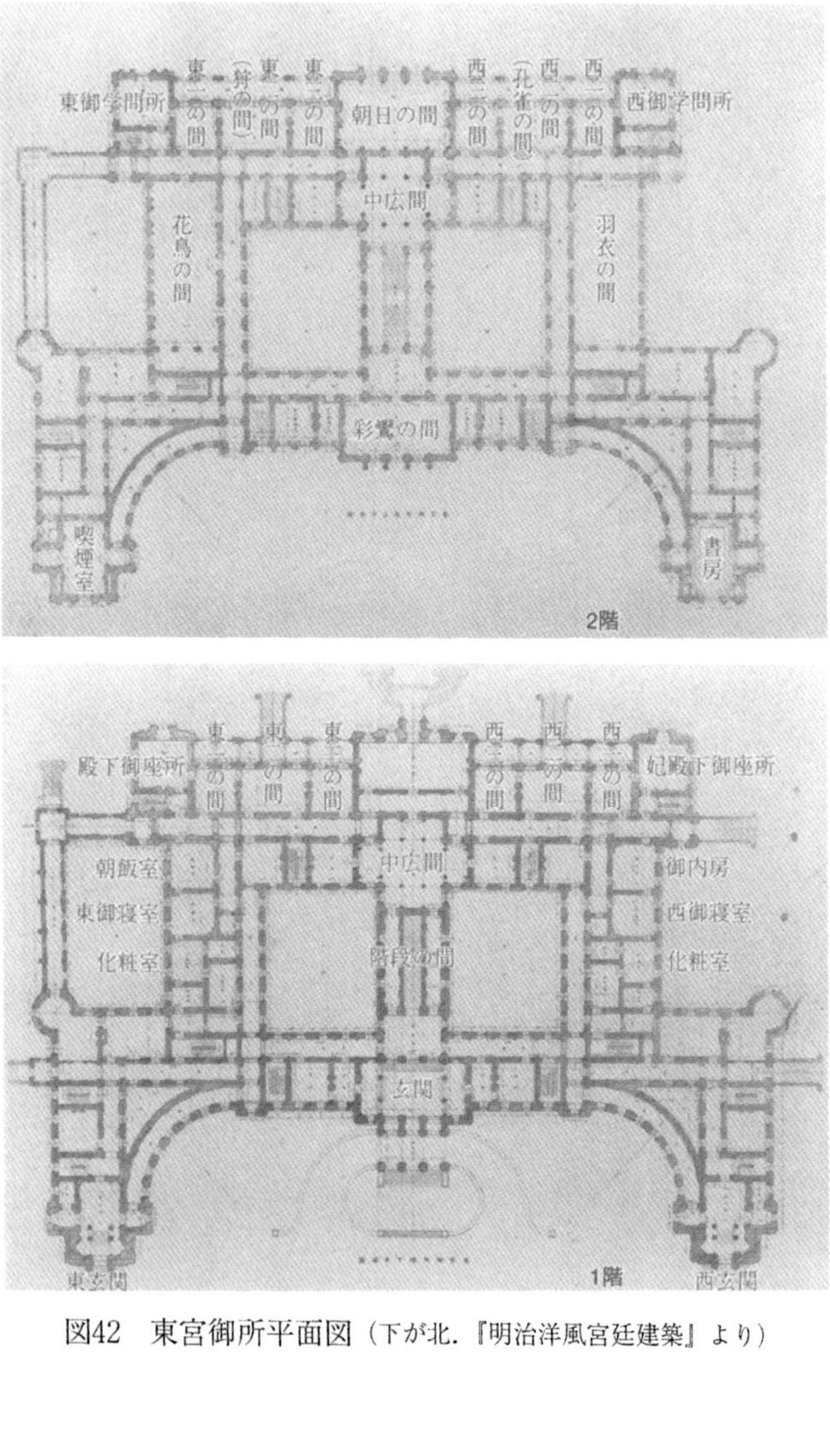

図42　東宮御所平面図（下が北．『明治洋風宮廷建築』より）

ある。

いっぽう、東宮・東宮妃用の入口は、東西の両端にそれぞれ設けられ、そのまま湾曲した廊下を通って、東西棟や後棟の私的空間へ繋がる。東宮・東宮妃の玄関が東西別々に設けられていることからもわかるように、一階は「東の半部は皇太子殿下、西の半部は皇太子妃殿下の御常住に充てらるべき計画」だった。したがって、御座所も東西に一室ずつ、寝室も御化粧室も一室ずつ、御湯殿や御厠《かわや》（トイレ）などの水回りも一室ずつある。異なるのは、東棟の朝飯室の位置に、西棟では「御内房」と呼ばれる部屋が置かれている点のみである。後棟の二階もまた、御座所・一の間・二の間・三の間という四室が東西に対称に並び、一階と結ぶ階段もそれぞれに設けられる。左右対称の平面は、そのまま東が東宮、西が東宮妃という、左右対称の使い方に基づいて計画されていたのである。

東宮の空間・東宮妃の空間

左右対称の語るもの

左右対称。このあまりに幾何学的で完璧な平面は、一見当然の結果にみえる。当時のヨーロッパの宮殿建築の主流だったネオバロック様式と、その劇的な効果をさらに高める左右対称の形態を模範とすれば、内部もまた対称に、同じ大きさの部屋が同じ位置に並ぶのは当たり前かもしれない。しかし、公的空間のみならず、東宮と東宮妃が私的空間において同形同大の部屋を有することは、実は「当然」とはいえない歴史を秘めている。

東宮御所を、これ以前の天皇の住まいと比べてみよう。東宮嘉仁《よしひと》親王の父明治天皇が当時暮らしていたのは、前章でみた明治二一年完成の明治宮殿であり、さらに代を遡れば、明治天皇の父孝明《こうめい》天皇は安政《あんせい》二年（一八五五）に建てられた内裏《だいり》、現存する京都御所を住まいとした。明治天皇は、慶応《けいおう》二年（一八六六）の孝明天皇の崩御により即位し、京都御所で一年九ヵ月暮らした後東京へ遷り、旧江戸城西の丸御殿を皇居とした。この御殿が明治六年に焼失し、後に東宮御所が建てられる赤坂離宮を仮皇居としたのは先にみた通りで、明治二一年に新築成った明治宮殿に遷っている。つまり、孝明・明治・大正の三代の天皇のための住宅は、仮住まいを除けば、京都御所・明治宮殿・東宮御所の三ヵ所となる。もちろん、天皇と跡継ぎである東宮の御所を全く同じに比較することはできないが、最も近い例であることは間違いないだろう。

まず京都御所は、儀式などに用いる公的な空間を「表」、日常生活に用いる私的な空間を「奥」と呼び、「表」が紫宸殿《ししんでん》を中心とするのに対し、「奥」には天皇・皇后のための常《つね》御殿《ごてん》をそれぞれ別棟で構えた。このうち天皇常御殿の方が「表」に近く、また「表」のうち天皇常御殿に最も近い位置には、対面や和歌など文芸の場である小御所《こごしょ》や、天皇の学問の場であり、執務室ともいうべき御学問所が置かれた。注意したいのは、小御所も御学問所も京都御所の中に一棟しか存在しないこと、いずれも「表」にあること、皇后をはじめとする女性たちは「奥」から出ず「表」には姿を現さないことである。つまり、一棟しかない小御所や御学問所は、いずれも天皇のための建物なのである。

この原則は、明治宮殿でも踏襲される。先述の通り明治宮殿は、かつての江戸城の西の丸に表宮殿、山里地区に奥宮殿を置き、表宮殿のうち「中段」と呼ぶエリアに御学問所と内謁見所《うちえつけんしょ》、奥宮殿に天皇常御殿と皇后常御殿を別棟で置いた。京都御所と比べると、小御所の対面の機能が明治宮殿では内謁見所に継承され、御学問所は同名の建物が存続している。重要なのは、この「中段」の内謁見所が二室設けられている点である。明治二一年の完成後、「鳳凰《ほうおう》の間」「桐《きり》の間」と改名された二室は、計画段階ではそれぞれ「天皇内謁見所」「皇后内謁見所」とあり、当初から一室が皇后のために計画されたことが確認できる。ただし、御学問所は京都御所と同様一棟のみで、前章でみた通り、天皇の日常の政務や大臣らの拝謁、御講学の場だった。御講学には、時に美子《はるこ》皇后も臨席したものの、中心が天皇であることは間違いない。やはり御学問所は天皇のためにのみ用意されたのである。

これらの構成と比べると、東宮御所が東宮・東宮妃の空間を左右対称に置いた異例さがわかるだろう。

東宮御所の二階、後棟の東西両端の部屋は、それぞれ「御座所」または「御学問所」と記される。東が東宮の御学問所、西が東宮妃の御学問所であり、明治宮殿までは天皇にのみ用意された御学問所が、東宮妃のために公的なエリアである二階に置かれている。また、東西ともこの御学問所に続く一の間・二の間・三の間の三室は、具体的な使い方が記されていないものの、明治宮殿の「中段」を参考にすれば、御学問所に隣接する配置から内謁見所に相当すると判断できる。この三室は、中央の二の間が最も広く、一・三の間はやや狭い。竣工後、その室内装飾にちなんで、東側の二の間は「狩《かり》の間」、西側の二の間は「孔雀《くじやく》の間」と呼ばれた。『東宮御所御造営誌』では、東西とも「狩の間」「孔雀の間」を中心にその両側に二室を置くと表現されることから、三室の中でもこの二の間が最も重要な部屋であり、謁見の空間といえるだろう。この公的な御学問所と謁見の場が、東宮妃にも東宮と同様に用意されたことが東宮御所の特徴であり、一見普通にみえる「左右対称」は、近世以来の皇室の宮殿からみれば急進的な平面だったのである。

「公」としての皇后

その背景には、皇后の立場の急激な変化がある。宮中の奥深く、籠の鳥のように隠れた存在であった天皇が、明治以来人びとの前に歩み出て、洋装し椅子に坐って政務を執り、さらには馬車に乗って地方にまで姿を現したように、皇后もまた人びとの前に姿をみせた。美子皇后は、教育を奨励したため学校への行啓が多く、また天皇を代行して明治一二年四月には新造軍艦を閲覧し、明治一四年五月には皇后単独で横浜から迅鯨艦《じんげいかん》に乗って横須賀まで行啓した。行動の範囲は軍事にまで及んでいる。

なかでも大きな変化は、外交の舞台への登場である。美子皇后が外国人の前に姿を現したのは、明治五年一〇月にロシア皇子アレキシスと各国大使を天皇とともに引見したのが最初であり、翌年一月には各国大使の妻の新年拝賀を受けた。さらに翌明治七年からは天皇と揃って各国大使の新年拝賀の儀式に臨席している。皇后は、宮中祭祀と奥向の統括のみを司る近世までの姿と異なり、対外的な役割を持つ公的な存在へと変わっていったのである。

このような近代ならではの宮中儀礼は、まさに明治一〇年代に整備が模索されたものだ。皇后の謁見という前例のない儀礼もまたそのひとつで、明治二二年五月には天皇・皇后の外賓に対する謁見の次第が定められた。明治宮殿の新築が成り、天皇・皇后が遷った七ヵ月後のことである。この次第の内容は詳しく述べられていないが、日本人公使については、天皇が公使を明治宮殿の天皇内謁見所（鳳凰の間）で謁見した後、皇后が公使と妻を皇后内謁見所（桐の間）で謁見すると記されており、外国人公使も同様と推測される。明治宮殿の皇后内謁見所は、この謁見次第の制定に対応して設けられたのだろう。

政府は、宮中制度改革のため、明治二〇年にドイツ貴族オットマール・フォン・モール夫妻を招聘し、プロイセンの宮廷制度をモデルに、同二二年まで宮中の儀礼の整備や皇室典範の作成を進めた。改革当初、明治天皇にとって、天皇が皇后より上にあることは消しがたい事実であり、皇后とともに外交儀礼を行うようになってもなお、祝宴の際に皇后と腕を組むなどの西洋的な礼儀作法は受け入れられなかったという。天皇が、新築なった明

図43　明治宮殿皇后内謁見所内部（『文明開化と明治の住まい』より）

治宮殿の玉座が皇后の座と同じ高さであることを承知せず、玉座の下にこっそり厚い絹の敷物を置き、これを外相の井上馨《いのうえかおる》が発見して引きずり出したという逸話も、侍医ベルツの日記でよく知られている。しかし、明治二二年二月、明治宮殿謁見所（豊明殿）で行われた憲法発布式の晩餐会において、天皇と皇后ははじめて腕を組んで入場し、新しい時代に入った。中山和芳氏は、近世の宮中儀式が天皇と高位高官の男性による儀式であったからこそ、明治以降、外賓や外交官を招いて行う儀式において、皇后の役割や位置する空間を新たに創出する必要があったと指摘している（『ミカドの外交儀礼』朝日新聞社）。

東宮御所の東宮妃の公的空間は、次代の皇后の空間として、この一連の動きの到達点といえるのである。

同形同大の平面

もう一度、京都御所と明治宮殿に戻ってみよう。京都御所も明治宮殿も、公的空間の構成以外にも天皇と皇后の空間に差がある。用意された御殿の規模がまったく異なることだ。京都御所の場合、天皇常御殿は一八二坪強、皇后常御殿《つねごてん》は一二八坪、明治宮殿もまた天皇常御殿が一二六坪に対し、皇后常御殿は九〇坪で、いずれも皇后の空間は天皇の七割程度しかない。数字を出すまでもなく、図面からも一見してその規模の違いが見て取れる（七七ページ図一三、一四）。

夫婦茶碗のように、夫は大きく、妻は小さい空間。それは、女性の身体寸法に合わせたためではなく、天皇である夫と、その妃である妻の圧倒的な地位の差を物語る。

部屋の仕様をみてみよう。近世の書院造《しょいんづくり》では、床の高さ、天井の高さが空間の格の差を表現するのに加え、天井の仕様にも明確な格付けが存在した。たとえば縁を格子状に組んだ天井は格天井《ごうてんじょう》、縁を平行に並べた天井は竿縁《さおぶち》天井といい、格天井の方が竿縁天井より格が高い。また、格天井のうち四辺を支輪《しりん》（曲線状の支え）で高く持ち上げた形式を折《おり》上《あげ》格天井といい、平らな格天井よりさらに格が高い。もっと細かくみると、格天井の面の部分（格間）が板のものより、ここに細かな格子を嵌《は》めた小組《こぐみ》と呼ばれる形式の方が格が高く、折上を中央のみさらに高く持ち上げる二重折上という形式もある。これらを組み合わせ、さらに天井の高さを変えることで、非常に細かなランクの差が表現できる。京都御所の場合、同じ部屋名同士で比べれば、天皇常御殿で最も格の高い上段の間は二重折上小組格天井、皇后常御殿の上段の間は小組格天井で明らかに天皇の方が格が高い。皇后常御殿の上段の間の仕様は、天皇常御殿では御寝の間（寝室）のやや上に当たる。明治宮殿も同様で、天皇常御殿で最も格が高い部屋は二重折上小組格天井、皇后常御殿では折上小組格天井で、続く部屋もやはり一段階ずつ皇后側の仕様が低くなる。さらに天井高も皇后と天皇では三尺八寸（約一・四メートル）も差が付けられている。

より顕著なのは、建物に掛かる費用の差である。近世には、建物の仕様のランクは、単位面積当たりに掛かる大工人数で表現され、これを「本途《ほんと》」と呼んだ。現在でも、住宅などの工事費を見積もる際、一坪当たりの値段、「坪当たり単価」を用いるが、これと意味は近い。本途の値が高ければ手間が掛かること、つまり仕様のランクが高いことを意味し、手間数が掛かる分値段が高くなる。京都御所の安政《あんせい》二年造営時の本途をみると、天皇常御殿は坪当たり一五八人で、紫宸殿《ししんでん》（三〇一人）に比べれば圧倒的に低いものの、小御所の一七四人に次いで高く、御学問所の一五一人より上である。いっぽうの皇后常御殿は坪当たり一三八人で、若宮御殿（一四四人）よりも低い。天皇と皇后の空間の広さの差は、この本途や天井の仕様と同様、そのまま天皇・皇后の格の差、身分の差を示している。

東宮御所の左右対称の平面は、この京都御所や明治宮殿にみる天皇・皇后の格の差を一気に縮めたことを意味する。東宮と東宮妃に、同じ広さの空間を、同じ部屋数、同じ位置に用意する。しかも、それは私的な空間だけではなく、謁見という公的な空間にも及んでいる。京都御所の様式に繋がる〈和風〉の建築ではなく、〈洋風〉の「入れ物」が用意されたからこそ、旧来の規定に縛られず自由になれた面はあるだろう。しかし、片山東熊《かたやまとうくま》が視察し手本にしたとされるフランスのベルサイユ宮殿もルーブル宮殿も、ウィーンの新王宮も、左右対称の外観を持つものの、平面はあくまでも国王の空間を中心とし、王妃の空間は一方に偏る。平面は左右対称ではない。

東宮御所の平面は、単なる西欧の宮殿建築の模倣ではなく、近代における皇室の変化を背負って生まれたといえるだろう。

東宮・東宮妃の想定生活像

では、東宮と東宮妃は、この「住宅」でどんな生活を送るはずだったのだろうか。通常、その住宅が具体的にどのように使われたのかは、日記や儀式などの記録から知られるが、東宮御所の場合、先に述べたように嘉仁《よしひと》親王夫妻は結局この建物に一度も住まなかったため、記録がない。

家具からみた生活像

手がかりとなるのは、家具である。東宮御所の家具は、ごく一部を除きフランス・ドイツでの注文製作で、部屋ごとに家具の種類や形式を決定した上で発注された。その種類や個数は、『東宮御所御造営誌』でも部屋ごとに記載されている。この記事を、竣工写真を納めた『東宮御所写真帖』に写る家具と比べると、各室とも種類・個数がほぼ一致するから、写真の家具配置が計画した姿とみられる。もちろん家具は動かせるもので、また写真が一枚しかなく室内の半分が不明な部屋もあるが、部屋ごとに家具のデザインが異なることも合わせ、写真に写る姿が東宮御所御造営局の意図した完成状態とみてよいだろう。

さて、この『東宮御所御造営誌』と『東宮御所写真帖』からわかる家具配置を、東宮と東宮妃の空間についてみてみよう。いずれの部屋も、円形または方形のテーブルを囲むか、マントルピースを囲むように椅子を置く。椅子の種類はさまざまで、肘掛椅子・中椅子・小椅子・長椅子・折曲長椅子・マルキース（一八世紀フランスで愛用された二人掛け安楽椅子）・腰掛などを使い分ける。二階両端の御学問所のみ、それぞれ「御料」「東宮妃御料」と書かれた椅子が一脚だけあり、東宮・東宮妃の座を他と区別している。

興味深いのは、東宮妃側にしかない家具がある点だ。

ひとつは、椅子の下に置く足台で、『東宮御所御造営誌』には挙げられていないものの、東宮妃側では一階・二階とも西三の間以外のすべての部屋に置かれる。この足台は、座る人の身長に合わせて高さを調節するためのもので、二階西二の間（孔雀の間）や一階西二の間では長椅子の前、二階西一の間（瑠璃《るり》の間）や一階西一の間、一・二階の御座所ではマントルピースを囲む肘掛椅子やソファーの前に置く。東宮側では、足台は一階朝飯室に一台みられるのみである。また東宮妃側には、二階西三の間（綾の間）や西二の間（孔雀の間）に、他の椅子より明らかに小さい、子供用とみられる椅子が存在するが、これも東

図44　東宮御所瑠璃の間内部（『東宮御所写真帖』より）

宮側にはない。

『東宮御所御造営誌』は、孔雀の間の家具について「椅子の中には大あり、中あり、小あり、長椅子あり、マルキースあり、臂掛《ひじかけ》二人掛あり、男女老幼のために各種のものを設けたり」とする。確かに、先の足台も子供用の椅子も、幼児や高齢者などが用いるもので、東宮妃側のみこうした配慮をしていたことがわかる。

もちろん、東宮夫妻の皇子が使うための考え方もあるだろう。しかし、二階は先にみたように御座所や内謁見所など対外的な用途の部屋であり、家族の団らんのためとは考えられない。つまり、これらの家具は、東宮妃を訪ねる人びとのために用意されたもので、東宮側とは異

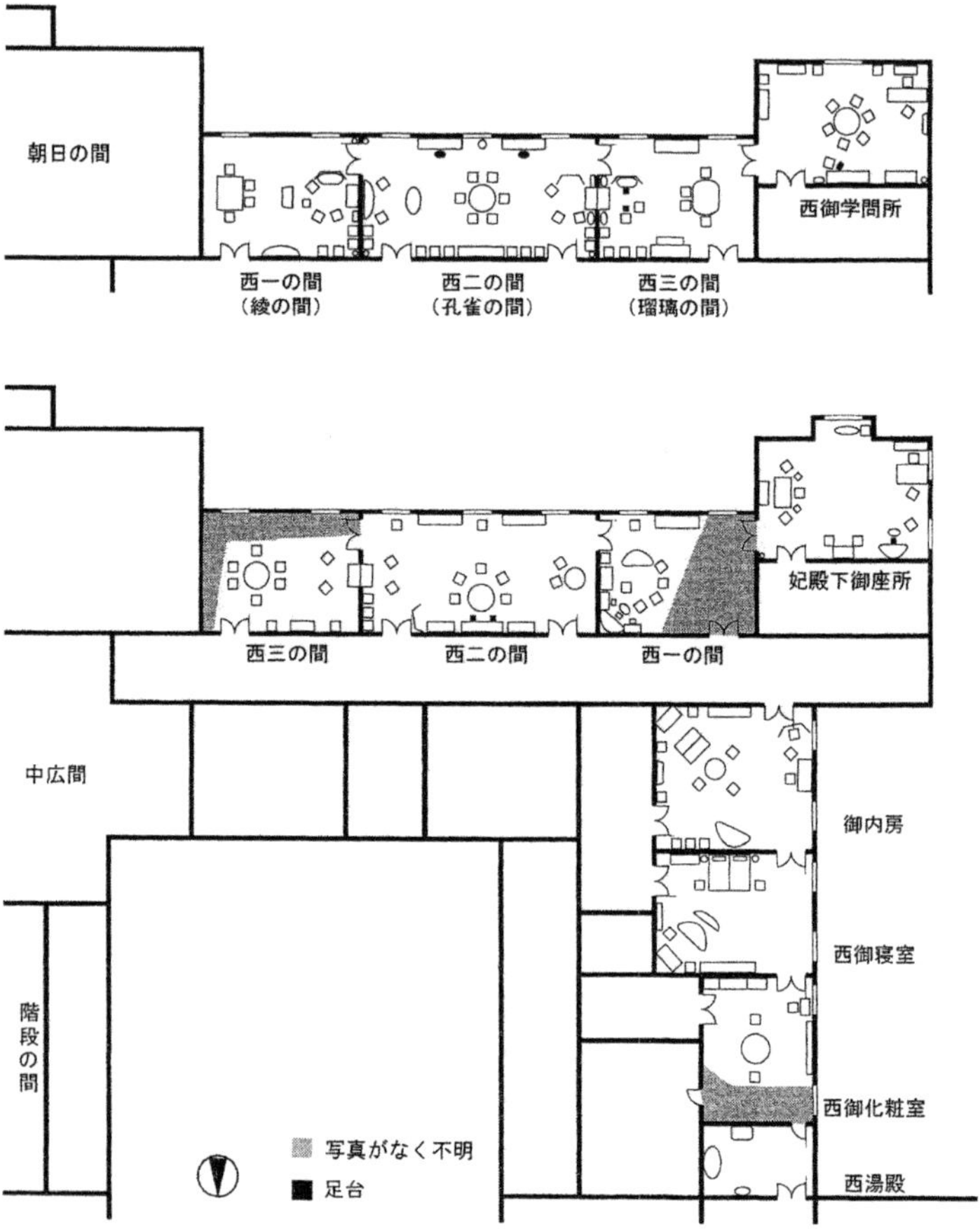
朝日の間
西御学問所
西一の間
（綾の間）
西二の間
（孔雀の間）
西三の間
（瑠璃の間）
妃殿下御座所
西三の間
西二の間
西一の間
中広間
御内房
西御寝室
階段の間
西御化粧室
西湯殿
写真がなく不明
足台

家具配置復原図

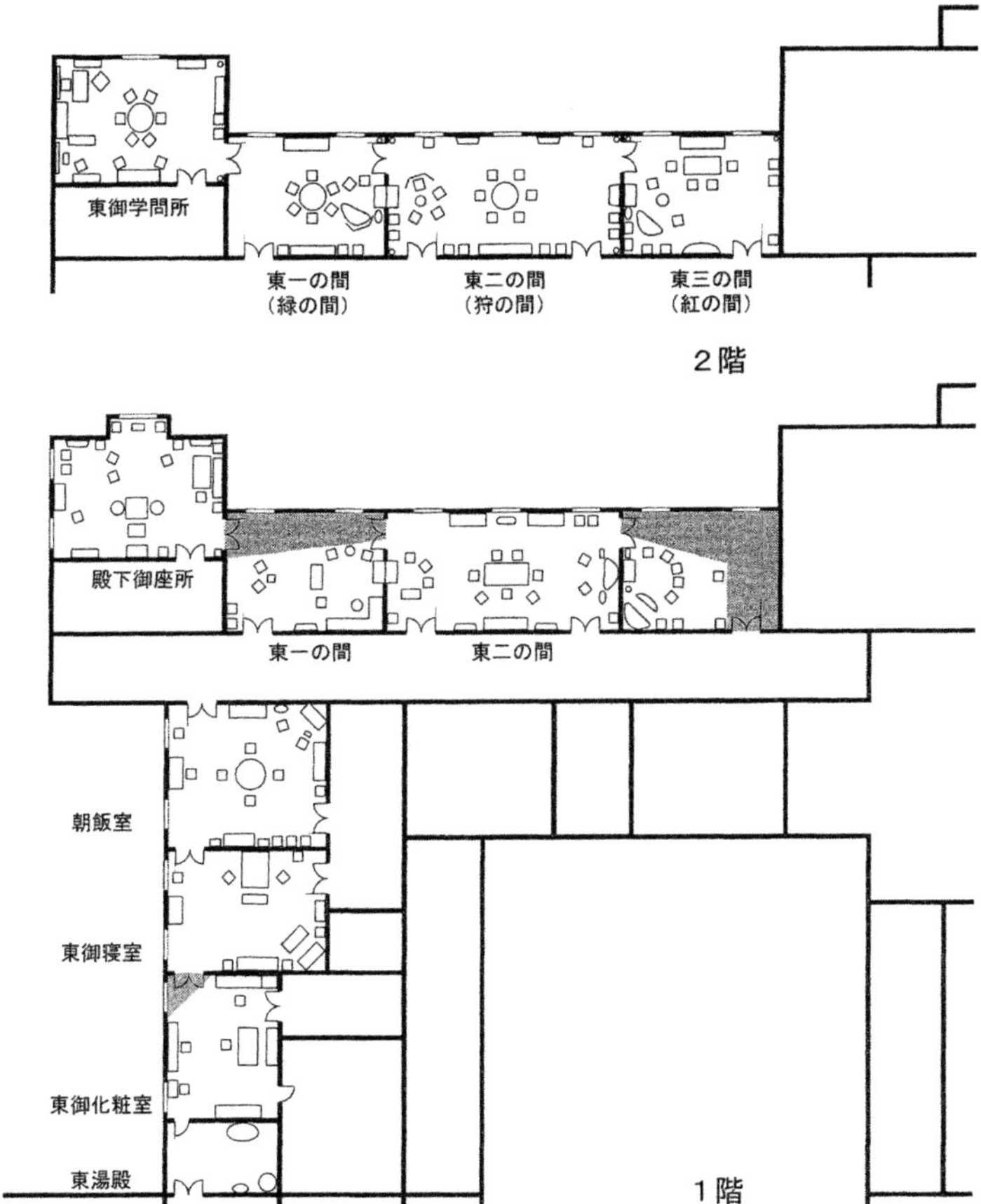
東御学問所
東一の間
（緑の間）
東二の間
（狩の間）
東三の間
（紅の間）
2階
殿下御座所
東一の間
東二の間
朝飯室
東御寝室
東御化粧室
東湯殿
1階

図45　東宮御所

なり、東宮妃側では多様な年齢・性別の人との謁見が想定されていたことになる。先述のように、明治二二年五月に制定された天皇・皇后の謁見次第により、日本人公使の離着任の際、天皇は公使のみ、皇后は公使夫妻を謁見するよう定められた。東宮夫妻の場合もまた、この規定に準じ、東宮は男性、東宮妃は女性、さらにはその子供を含む謁見という機能を予定したのだろう。これに加え、東宮妃に対し、次代の「国母」として「男女老幼」に親しく接する理想像が求められたことは想像に難くない。子供用を含む種々の椅子は、生活感や家庭的な印象を持つ新しい妃像を演出する役目を担ったといえる。

近世を踏襲した生活

もうひとつ、東宮と東宮妃で家具配置が異なる部屋がある。御寝室である。東宮・東宮妃の御寝室は、先にみたように一階の東西棟にそれぞれ別に設けられ、その北側に御化粧間・御湯殿・御厠が続く。この構成は完全に左右対称である。異なるのは、東宮側の御寝室にはベッドが一台、東宮妃側の御寝室にはベッドが二台置かれる点だ。これは、東宮が東宮妃側に通うという使い方を示す。近世の御所において、天皇と皇后がともに過ごす場合、天皇が皇后御殿を訪れることが原則で、東宮御所は近代の、しかも〈洋風〉の建物でありながら、この近世以来の住まい方を踏襲していることになる。

こうした使い方は、室内の仕様にもみることができる。先に、近世以前の建築で、天井の仕様が部屋の格の差を示す様子をみたが、近代以降の、〈洋風〉の建築でも同様のランクが存在する。東宮御所の天井の仕様は、『東宮御所御造営誌』によれば、画家が油絵を描くもの、油絵ではなくペンキで絵を描くもの、絵は描かず漆喰《しっくい》で装飾を付すもの、板で全面を覆う簡素なものなど、一〇種類ほどがみられる。このうち、最も手も費用も掛かり、

図46　東宮御所東宮御寝室内部（『東宮御所写真帖』より）

図47　東宮御所東宮妃御寝室内部（『東宮御所写真帖』より）

ランクが高いのは油絵貼付で、二階は廊下や予備室など一部を除き、すべてこの仕様である。これに次ぐのはペンキ絵と漆喰装飾の組み合わせ、次が絵画のない漆喰装飾だろう。二階が油絵貼付で統一されているのに対し、一階の私的空間は複数の仕上げが用いられ、東西両端の御座所はともに油絵貼付だが、続く一の間は東側が漆喰装飾、西側が油絵貼付、三の間は東側がペンキ絵と漆喰装飾、西側が漆喰装飾のみで、一の間は東宮妃側の方が東宮側よりランクが高い。一見、東宮妃の方が東宮より格上にみえるが、御寝室や御化粧室など他の東宮・東宮妃用の部屋がいずれも油絵貼付であることを考えれば、東三の間のような漆喰装飾のみの仕様の部屋は東宮側にありながら東宮本人が使うのではないこと、東宮妃側は東宮もともに過ごすため格の高い仕様を用いたことが窺える。東一の間は、その位置からみて、東宮に仕える侍従のための部屋であり、東宮妃側では西三の間がこれに該当する。御寝室と同様、御座所や一の間もまた、東宮が東宮妃側へ渡り、ともに過ごすよう計画されたといえる。

『東宮御所御造営誌』は、この東宮御所の平面について「単に欧州各国宮廷の模範にのみ倣ふこと無く、専ら従来の御慣例に鑑み各室の設備連絡を計られたり」とする。確かに、東宮御所の建設に当たって、片山東熊らは欧米を視察し、欧州の宮殿建築を参考に設計を行った。しかし、参考としたのは、宮殿建築としての形式や建築様式、室内装飾であって、平面、とくに私的空間は近世以来の慣習を踏まえて部屋の配置が決定されたことになる。欧州の宮殿建築は、平面計画よりむしろ、西洋と肩を並べるための外観や室内意匠の手本だったのだろう。

東宮御所は、公的空間については、東宮妃の空間を東宮と同等に備えるという近代的な宮殿建築の姿を持ちつつも、私的空間については、日本の宮中の古い慣習に従って〈洋風〉の「入れ物」にパズルのように部屋を当てはめた、二面性を持つ住宅だったのである。

ところで、もし東宮御所が近世の御所の使い方を踏襲しているとすれば、足りないものがある。それは、「局《つぼね》」と呼ばれる建物で、東宮（天皇）・東宮妃（皇后）に仕える女官たちの住まいである。女官は、天皇や皇后の身の回りの世話や宮中の祭事を司ると同時に、天皇の夜伽《よとぎ》もつとめた。女官には、それぞれ女孺《にょじゅ》が仕えて身の回りの世話をしたから、局には多くの女性が暮らした。この女官制度は、明治四年（一八七一）に大規模な改革が行われたが、明治二一年完成の明治宮殿でも紅葉山《もみじやま》の麓に局が置かれた。東宮御所の場合、一階中央玄関の左右と南側棟の中庭側の部屋が「控所及び常侍官の詰所」（『東宮御所御造営誌』）とあり、これが侍従など男性職のための部屋と考えられるが、局に当たる女官たちの空間がみられない。

幻の和館計画

しかし、東宮御所の計画図の中に、現在の洋館の東側に木造の和館を描く図がある

(『赤坂離宮日本館平面図』他、都立中央図書館木子文庫蔵)。この和館は、御車寄《おくるまよせ》を持ち、明治宮殿のように複数の建物を廊下で繋ぐ。凡例を欠くものの、棟ごとに色分けがされており、これを参考にすると、西から南にかけて鍵型に御殿が配され、残る北から東は東宮・東宮妃が入らない裏方部分だったと考えられる。局とみられる、小さな部屋を連ねた長屋のような建物も、東端に存在する。この平面は、後にみる北白川宮邸(明治四五年)や竹田宮邸(明治四四年)などの皇族本邸の和館と極めて近い。東宮御所の和館は、大規模な御車寄があることから、私的な生活空間だけではなく公的な空間を持つことが明らかで、図面には長いテーブルを置く会食所とみられる部屋も存在する。和館全体の規模は現在の洋館にほぼ匹敵するから、この図面での計画は、明治期の大規模邸宅に典型的な和洋併置の構成だったことになる。

現在の東宮御所は、先にみた通り「左右対称」というものの厳密には異なり、東側のみ前棟と後棟を繋ぐL字型の回廊を持つ。和館は、このL字回廊から廊下で繋ぐよう計画されている。『東宮御所御造営誌』は、「元来此の東回廊増設の趣旨たるや、他日是に接近して建築せらるべき木造の附属宮殿庁舎などに於いて、一朝不慮の変災あるも決して累を本館に及ぼさざる準備あるを以てなり」とし、東側のみ回廊があるのは、木造の和館が火災に遭った際、その被害が本館に及ぶことを避けるためだという。したがって、この回廊が

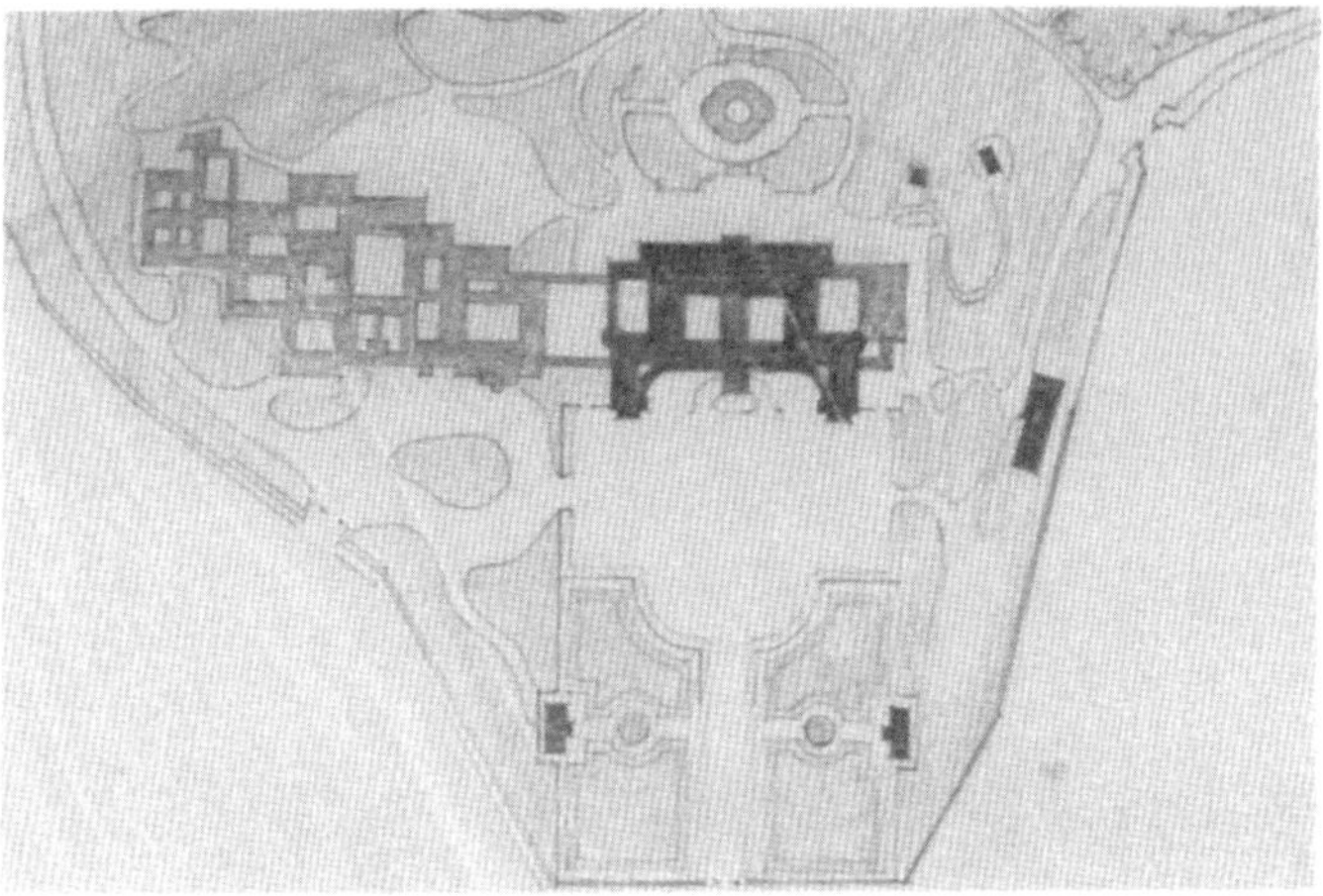

図48　東宮御所洋館・和館計画図（都立中央図書館木子文庫蔵）

実際に建設されたこと自体、和館の建設計画が進行していたことを示すが、最終的にこの和館は建設されないまま戦後を迎えた。

もし本当に東宮御所に嘉仁親王夫妻が居住するはずだったのならば、この和館が計画通り建設されてはじめて機能が充足したはずだが、和館が最後まで建設されなかった段階で、「住まない」ことは決定していたことになる。東宮御所は、住まいとして計画されながら、完成後の早い段階で迎賓施設に特化される運命が決まったといえる。

隠された〈和風〉装飾

武具と武士像

では東宮御所は、外観や装飾については本当に欧州の宮廷建築の「直写」なのだろうか。確かに外観・内部とも様式の習熟度、装飾の完成度は高く、極めて密度の高い建築に結実している。ただし、この正統的な様式建築の細部には、実はただの「西洋建築の模倣」ではない、日本独自の要素が隠されている。

外観に注目してみよう。東宮御所の外観は、『東宮御所御造営誌』では正面側は「荘重」「宏大」、背面側は「軽快」「調和」を旨としたとされ、正面側は左右の両翼が曲面で張り出すダイナミックな構成であるのに対し、背面側は一階はアーチ、二階は双子柱の柱列が並ぶベランダによる、軽やかで明るい立面である。

正面側は、中央の玄関上部の四本の列柱がペディメント（破風《はふ》の装飾）を支え、その左右に青銅彫刻が立つ。両脇の階段室上部には、金の星を散らした青銅の天球儀を四羽の霊鳥が取り囲む。片山東熊《かたやまとうくま》は、明治三二年の米国出張の際、東宮御所の設計原案を持参し、ニューヨークの建築家ブリュース・プライスから正面外観や内部装飾について手直しを受けたという。天球儀や星の装飾は、プライスの助言による可能性が高い。

問題は、正面中央のペディメントと青銅彫刻である。高い位置にあるため、よく見なければ気づかないが、この左右の彫刻は、武者、しかも鎧兜を身にまとい、軍旗を背負った日本の武士像なのだ。同様に、ペディメントにも菊花章の左右に日本の鎧と兜が埋め込まれている。興味深いのは、背面側も同じ位置にペディメントがあり、やはり菊花章を中心に武具を配するものの、西洋甲冑をモチーフとすることである。正面側は〈和風〉、背面側は〈洋風〉を選択したことになる。ただし、菊花章の周囲に配された植物は、背面側はアカンサス、正面側は月桂樹で、どちらも西洋建築では定番の植物装飾だ。

武士像は内部にも存在する。朝日の間と彩鸞《さいらん》の間である。朝日の間は、当初「第一溜之間」と呼ばれた控え室で、大理石のピラスター（付柱）や立体的なエンタブレチュア（柱上の水平材）、大きく張り出したコーニス（軒蛇腹《のきじゃばら》）、壁貼付の織物などにより、めりはりのある重厚な室内空間が演出される。皇室の紋章が多用されていることも特徴で、菊花章と旭日章が各一ヵ所、瑞宝章が二ヵ所のほか、桐紋が一〇ヵ所、日章旗が二ヵ所に用いら

図49　東宮御所正面武士像彫刻

図50　東宮御所ペディメント（上：正面，下：背面）

れる。朝日の間という名前は、天井に描かれた油絵が「旭日の朝霞に昇り桜花に映ずるの間に於いて神女が玉馬に鞭ち香車を駆るの図」であることにちなむ。桜が咲く青空を、天馬が引く戦車に乗って駆け抜ける天女。「国運隆昌」を表したというこの天井画にみるように、朝日の間は国力・軍力を意味する装飾が多く、天井の折上部分には、南と北に木造船、東と西には甲冑と獅子を描く。『東宮御所御造営誌』によれば、南北の船は軍艦、すなわち海軍を暗示し、東西の武具は陸軍を暗示する。この武具がまた、日本の鎧兜であり、兜の中央には菊紋も輝く。天井の四方から陸海軍の武器、さらに紋章が見下ろすこの部屋は、外来者に日本の「力」を強く印象づける狙いがあったと考えられる。

いっぽう、朝日の間と対称の位置にある彩鸞の間は、「第二溜之間」と呼ばれたやはり控え室だが、朝日の間とは異なり、フランス一八世紀のアンピール様式が選択され、白い壁面・天井面を金箔貼りの繊細な石膏レリーフで飾る軽やかな意匠が特徴である。また、紋章は南面中央に旭日章をひとつ付けるのみで、朝日の間より威圧的な雰囲気は薄い。この繊細な室内意匠の中にも武具は混在し、南面両端の扉上には、獅子を従えた鎧兜の人像のレリーフを置く。また、東西のマントルピースに付された、目を凝らさなければわからないほど小さなレリーフのモチーフも洋式の軍帽と日本刀で、刀の柄には鶴の文様まで彫られている。これらの装飾は、たとえば部屋名の由来にもなった天井折上の金鸞《きんらん》（想像

図51　東宮御所朝日の間内部（『東宮御所写真帖』より）

上の鳥）、中央扉上の天馬、壁面の唐草や香壺などのエジプト文様とはまったく脈絡をもたない。

本来の〈洋風〉建築とは異質の〈和風〉の装飾。武士像以外の例は、他の部屋にもみることができる。舞踏室である羽衣の間は、その用途にふさわしく装飾のテーマは「楽器」であり、天井には謡曲「羽衣」を題材に、天空に花々と楽器が散る姿が描かれ、壁面も楽器をモチーフとした縦型のレリーフ（トロフィー）で飾る。謡を題材にする点も〈和風〉を意識したものといえ、羽衣の逸話に基づき、天井の一角には天女の衣がたなびく。レリーフには、バイオリン・ハープ・フルート・ホルン・シンバル・竪琴など、さまざまな楽器や仮面が組み合わされるが、よく目を凝らすと、小鼓・でんでん太鼓・琵琶・尺八など日本の楽器も混在する。仮面も、明らかに西洋のマスクとみえるものに加え、能面もある。ただし、その混在は極めて巧妙で、よほど注意しなければ見分けることができない。

正統的な様式建築である東宮御所の公的空間には、〈和風〉の装飾が巧みに隠されてい

図52　東宮御所朝日の間天井画

図53　東宮御所彩鸞の間扉上部装飾

るのである。

天皇と武士像

この東宮御所の〈和風〉装飾のうち武士像が、正面側外観や謁見・饗宴の控え室など儀礼的な場に集中すること、目立つ場所にあからさまに用いられていることに注目したい。

この傾向は、東宮御所より早く、すでに明治宮殿にも確認できる。東宮御所の朝日の間・彩鸞の間と同様の機能を持つ部屋を明治宮殿に探すと、西溜の間・東溜の間が該当する。この二室は、正式な儀式に用いる謁見所（正殿）の背後に隣接し、饗宴所（豊明殿）と中庭を挟んで対峙する。両室は、謁見や饗宴における控え室に当たり、ともに壁に巨大な綴織《つづれおり》の壁掛をかける。このうち、西溜の間の題材は「富士の巻狩《まきがり》」で、曾我兄弟が富士山麓で源頼朝が催した大規模な巻狩に紛れて、敵討ちを果たすという鎌倉時代の逸話に基づく。四面にわたるこの綴錦の壁掛は、今尾景年という日本画家の下絵をもとに川島織物が制作し、明治二八年に納入したものだ。画面には、遠山と広々とした牧原の中、騎馬の武士たちが駆け回る。すでに、明治宮殿でも、来訪者の控え室という機能の部屋に、東宮御所と同様、日本の武士像が用いられていたことがわかる。

さらに、明治宮殿の前身計画に当たる赤坂の仮皇居にも武士像は計画された。赤坂仮皇居は、大部分が旧紀州徳川家の御殿の転用だが、饗応などを行う会食所は明治一四年に新築された。当初は、フランス人建築家ボアンビルの設計で本格的な〈洋風〉の謁見所・会食堂が建つはずで、基礎工事まで着工されたが、安全性が疑問視されて中止となった。この幻に終ったボアンビル設計の謁見所の図面や記録をみると、内部に菊や桐の紋章の他、鳳凰・竜・麒麟《きりん》などの石膏彫刻が用いられ、さらに小壁や天井には「蒙古征伐図」と題する合戦絵が計画されている。これは、会食堂も同様で、菊や桐の紋章がやはり散りばめられ、壁面の腰高や内法上にはめ込まれた七宝焼きのメダイオン（円形の浮彫）には、楠木正成や新田義貞などの武将の姿が描かれる予定だった（小野木重勝『明治洋風宮廷建築』）。

ただし、最終的に明治一四年に完成した会食所では、武士像は消えている。この建物は、明治四〇年に伊藤博文に下賜され、さらに大正七年（一九一八）に伊藤邸から明治神宮外苑へ移されて、明治記念館の憲法記念館（本館）として現存する。〈和風〉の意匠ながら〈洋風〉の儀礼に対応する室内空間という、明治宮殿へと繋がる形式を持つこの建物の室内は、京都御所の紫宸殿《ししんでん》を典拠とした錦花鳥の障壁画で飾られた。武士像のモチーフは、明治宮殿まで先送りとなったのである。

ところで、「富士の巻狩」も「蒙古征伐」も、もちろん近世以前から知られた逸話だが、実は近世には意外なほど、こうした武士像を主題とする室内装飾の例がない。たとえば、江戸時代の内裏（御所）関係の障壁画の画題に探すと、八回行われた造営のうち、寛永一九年（一六四二）完成の天皇常御殿上段の間に「武者絵」、中段に「富士の巻狩」があり、寛文三年（一六六三）完成の若宮御殿上段に「富士の巻狩」があるのみだ。現存する安政二年（一八五五）完成の内裏にも、武士を画題とする障壁画は見られない。これは、天皇だけではなく、将軍や大名の住まいも同様で、江戸城をはじめとする城郭御殿で、廊下を仕切る杉戸を除けば、画題がわかる障壁画に武士を題材とした例はない。「武士の時代」である近世には、武士像の室内装飾はほとんど例がないといえる。

その武士を主題とする装飾が、近代に、しかも天皇（東宮）に関わる建物で使われることに、違和感を持つ人も多いだろう。しかし、よく考えてみれば、「武士の時代」に「武士の住まい」で武士を描くことこそ必要性がない。なぜなら、対面をする側もされる側も武士であれば、「武士像」は身分や権威を示す表象とはなりえないからで、近世において武士は、むしろ天皇を頂点とする公家の風俗や儀礼を借りて伝統や権威を表現した。この事例を踏まえれば、明治が「武士の時代」ではないからこそ、武士像を用いる意味があったといえる。

高橋昌明氏は、明治維新後の日本が「文よりも武を尊ぶ強兵富国の軍国国家」であり、その頂点である天皇もまた「公家」から「武人」への転換が図られたと指摘する（「常識的貴族像・武士像の創出過程」）。近代の天皇は、明治憲法下において統治権の総攬者であり、陸海空軍の総帥である大元帥を兼ねた。国家に関わる極めて広い権限を、天皇は保持したのである。天皇は、正装を衣冠束帯から軍服に改め、宮中の奥深くから歩み出てじかに言葉を発するなど、服装や言動の改革により、治世者であり軍人であるイメージを形成した。武士像は、過去にはない、天皇の「武人」としてのイメージ創出のために、近代に新たに創出されたモチーフといえる。

東宮御所の〈和風〉の武士像は、東宮という「次代の天皇」の「力」を示す証だったのである。

対称の平面・非対称の意匠

つがいの鳥

東宮御所にはもうひとつ、武士像を用いる部屋がある。二階東二の間（狩の間）である。ここは、すでにみたように、東宮の御学問所に連続し、謁見の機能を持つと考えられる部屋である。迎賓館への改修によって失われているが、かつては廊下側の北側壁面に綴織《つづれおり》の壁掛があった。大きさは縦二メートル九四センチ、横三メートル八一センチ。「武士の山狩」と題されたこの大きな壁掛は、洋画家・浅井忠の下絵で、東宮御所の内部造作が進む明治三八年に発注され、翌三九年五月に油絵が完成、大正二年七月にようやく綴織が完成した。つまり、この織物が狩の間のこの位置に掛けられることとその題材や図様は、室内意匠と合わせて決められたといえる。

「武士の山狩図」は、年齢の異なる三人の武士が、狩り装束で秋景の山道を騎馬で進む姿を描く。東宮の謁見所に武士像を描くこと、それは朝日の間や彩鸞《さいらん》の間と同様、ここが公的かつ儀礼的な空間であり、東宮の力を演出する必要があったことを示す。狩の間では、東宮御所全体を律するルールそのままに、この画題を選んだといえる。

この狩の間は、「武士の山狩図」以外、天井画も、壁張地も、壁の上部のメダイオンの油絵も、いずれも花鳥を題材とする。『東宮御所御造営誌』ではただ「花鳥」と記すのみだが、八面あるメダイオンは、図様は異なるものの、いずれも一羽の白いフクロウとバラをモチーフとする。フクロウは、西洋では古くから学芸の神ミネルヴァの化身として、「知恵」の象徴とされてきた。狩の間では、「武士の山狩図」で武力、フクロウで知力という、君主にふさわしい能力を表現したといえる。

では、狩の間の対称の位置にある、東宮妃側の西二の間（孔雀の間）はどんな意匠なのだろう。

孔雀の間もまた、狩の間と同様、当初は廊下側の壁面に壁掛があった。「武士の山狩図」とほぼ同じ大きさのこの壁掛は、室名通り孔雀をモチーフとし、今尾景年の下絵による。完成は「武士の山狩図」と同じ大正二年、織物ではなく刺繍による。日本画家の今尾が下絵を担当したことからもわかるように、孔雀は近世以前にも絵画や建築彫刻でよく題材とされ、松や牡丹との組み合わせが最もポピュラーである。孔雀の間の場合も、赤と白の牡丹が咲く中、斜めに伸びた桜の木に二羽の孔雀が止まる。注目したいのは、この孔雀が「つがい」だという点である。幹の上部に立つ雄の孔雀は、下部に立つ雌の孔雀を見下ろし、二羽はまるで見つめ合うように描かれる。

壁面には、狩の間と同様、八面のメダイオンがあり、やはり花鳥がモチーフである。ただし、狩の間と異なるのは、このメダイオンもまた「つがいの鳥」を描く点だ。石膏レリーフのため、鳥の種類を特定するのは難しいが、二羽が飛ぶ姿、枝に休む姿のほか、巣をつくり、雛を育てる場面も描かれる。雌雄の鳥が出会い、求愛し、家庭を育むという、文字通り絵に描いたような物語が展開する。

武士像とつがいの鳥。このモチーフの相違は、東宮と東宮妃それぞれに期待された理想像の差を物語る。東宮が文武を備え、国を統率する力を持つことを示すのに対し、東宮妃の場合、天皇と「つがい」であり、次代への皇位継承者を生み育てることが望まれる。嘉《よし》仁《ひと》親王と節子《さだこ》妃が並ぶ姿は、一夫一妻制のモデルともされた。

さらに、東宮妃には、将来の国母として、そして東宮とその子供たちによる理想の家族像として、国民にその姿をみせる役割もあった。嘉仁親王と節子妃の間には、結婚の翌年明治三四年（一九〇一）四月に迪宮《みちのみや》（裕仁親王、後の昭和天皇）が誕生、翌三五年六月に淳《あつの》宮《みや》（雍仁《やすひと》親王）、三八年一月に光宮《てるのみや》（宣仁《のぶひと》親王）と子宝に恵まれた。すでに、明治一二年の

図55　東宮御所狩の間メダイオン

図54　東宮御所狩の間内部

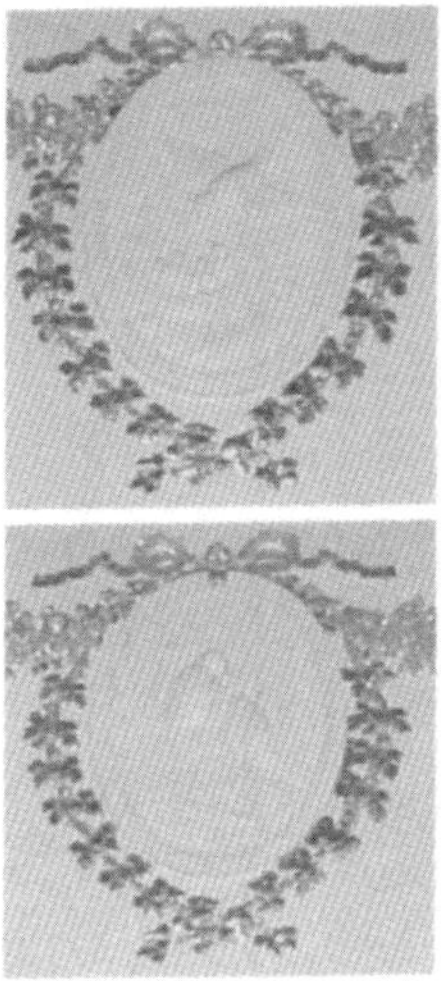

図57　東宮御所孔雀の間メダイオン

図56　東宮御所孔雀の間内部

嘉仁親王誕生後から、錦絵では天皇・皇后と東宮の家族の肖像が製作されているが、明治三〇年代以降、これに東宮夫妻の皇子や明治天皇の皇女も加わり、その図像も変化する。若桑みどり氏は、明治二〇年代までの皇室の家族像では、天皇が東宮と中心に立ち、東宮に語りかける反面、皇后たちはつつましく控えるという、東宮の国務教育的な主題が多いのに対し、明治三〇年代には皇室一家を家族として描く図像に変化したとし、この「皇室の永続性」を示す家族像によって、庶民に家父長的家族像が共感をもって浸透したと指摘している（『皇后の肖像』）。

明治天皇夫妻から、次代の大正天皇一家へ、時代が求めた皇室像の変化が「つがいの鳥」を生んだといえるだろう。

対称の平面・非対称の意匠

この狩の間と孔雀の間の違いを、東宮・東宮妃の御学問所でさらにみてみよう。御学問所は、先にみた通り公的な御座所であり、この東宮御所で初めて東宮だけではなく東宮妃にも用意された。造営当初の図面や竣工写真と比較すると、両室とも当初のインテリアを現在もほぼ残している。

まず、二階東端の東宮の御学問所は、「第一溜之間」と呼ばれた朝日の間と同様、ピラスターやエンタブレチュア、コーニス、高い折上天井で演出された重厚な室内である。ピラスターがイオニア式のオーダーである点も朝日の間と同じで、朝日の間の四割程度という広さに比べて装飾の密度が濃く、圧迫感すら感じる。窓の上には、天球儀と地球儀のレリーフを付す。これは、学問の象徴であると同時に、正面外観の天球儀と合わせたものだろう。

これに対し、二階西端の東宮妃の御学問所は、「第二溜之間」である彩鸞の間と同様アンピール様式で、金箔貼りの繊細な石膏レリーフが彩る軽やかな空間である。天井のスフィンクスや香壺のレリーフも、アンピール様式の特徴的なエジプト主題で、東宮・東宮妃の御学問所はそれぞれ朝日の間・彩鸞の間と対を為していることがわかる。この東宮妃側の御学問所は、現在は失われているが、古写真では壁面が花鳥文様の壁貼付、窓上にやはり花鳥のレリーフがあったことが確認できる。計画時の図面にみるその図様は、壁貼付もレリーフも、バイオリンやマンドリンなどの楽器と二羽の鳥をモチーフとする。この意匠もまた「つがいの鳥」なのだ。つまり、東宮妃の御学問所では、謁見所である孔雀の間と合わせ、息苦しいほどに「つがい」の姿が繰り返し強調されたのである。

東宮御所は、公的空間において、確かに東宮・東宮妃に同形同大の空間を用意した。この左右対称の平面は、東宮妃が外交に参加する公的な存在であるという極めて実務的な意味を示すと同時に、天皇と「対」であるという皇后の存在意義を端的に示すものだった。その一方、平面とは裏腹に、意匠には東宮・東宮妃で明確な差が付けられた。若桑みどり

図58　東宮御所2階西御学問所壁面図（宮内庁書陵部蔵）

氏は、その著書『皇后の肖像』で、天皇と皇后は、その肖像が夫婦一対で視覚化されたからこそ、「男性としての、一家、一国の主としての天皇の肖像」と「女性としての、一家、一国の妻、母としての皇后像」という両者の実質的な非対称性が際だったとした。この指摘は、そのまま東宮御所に当てはまる。東宮御所の「対称の平面」と「非対称の意匠」は、次代の天皇・皇后に課せられた実質的な役割の非対称性を映しているのである。

住宅は、一般に「生活の器」と呼ばれ、その平面や意匠は施主（注文主）の理想の生活を具現化したものと捉えられている。しかし、もし、施主と実際に住む人物が異なるとすれば、施主が考えた理想の生活像を、住み手に対して住宅が強いることになる。東宮御所は、まさに後者に当たる。東宮御所という「住宅」は、施主である国家が次代の天皇・皇后に求めた「生活」すなわち「生き方」を、目に見える形で規定する役割を担ったといえるのである。

御用邸

〈和風〉の嗜好

御用邸の誕生

葉山御用邸　神奈川県三浦郡葉山町一色《いっしき》。静かな町の一角に、ややものものしい塀が立つ。天皇家の別荘、葉山御用邸である。創設は明治二七年（一八九四）一月。当初は英照《えいしょう》皇太后（孝明天皇女御）の避寒のために設けられたが、明治二九年には東宮嘉仁《よしひと》親王の療養のため、隣接する徳川茂承《もちつぐ》別荘を買い上げて南御用邸を増築、さらに明治三九年、大正二年（一九一三）、同五年など次々と改修や増築が行われて、敷地約三万六〇〇〇坪、建物約二五〇〇坪の規模になった。戦後、南北両端部分が払い下げられたが、今なお広大なスケールを維持している。

この葉山御用邸以外にも、天皇家が戦前までに設けた離宮・御用邸は多く、赤坂離宮のような都心の別宮や、名古屋離宮・静岡御用邸のような地方行幸の際の宿舎など実務的な

図59　葉山御用邸（『明治工業史　建築編』より）

意味を持つものもあったが、ほぼ半数が避暑・避寒などのための「別荘」だった。沼津・熱海・箱根・日光など、皇居のある東京から訪れやすい関東・東海地方に立地が偏るものの、数と面積からみれば、天皇家は間違いなく日本一の別荘王だったのである。

ただし、女官だった山川三千子が「明治天皇はただの一回も御避暑、御避寒など遊ばさず、公のお仕事以外に外へお出ましになったのは、前田侯邸で能楽をご覧に入れた時だけだった」（『女官』）と回想するように、明治天皇はこれらの別荘を利用したことは一度もなく、判で押したような日常を実直に守った。その一方、英照皇太后や妻である美子《はるこ》皇后（昭憲皇太后）は、医師の勧めにより冬は葉山や沼津の御用邸に滞在し、とくに病弱だった東宮嘉仁親王はほとんどの夏と冬を各地の御用邸で暮らした。即位後もこの生活は変わらず、亡くなったのもこの葉山御用邸である。次代の裕仁《ひろひと》親王はここで践祚《せんそ》して皇位を継いだから、「昭和」という時代はこの葉山から始まったといえる。

天皇家だけではなく、他の皇族たちも多くの別荘を構えた。皇族の場合、本邸とは別に構える邸宅という意味で「別邸」と呼ぶが、かつては葉山御用邸の北側に高松宮家の別邸、さらに離れて秩父宮家・北白川宮家・東伏見宮家の別邸もあって、近代の葉山はまさにロイヤルリゾートだった。神奈川県内では、この葉山以外に鎌倉・小田原・箱根にも戦前は御用邸があり、やはり他の皇族の別邸も設けられていて、その存在は別荘地の品格を左右する重要な要素とされた。なかでも葉山は、唯一戦後まで御用邸が存続したことで、湘南の別荘地の中で高いステイタスを持ち続けたのである。

本邸と別邸。両者は同じ住宅でありながら、一方は日常生活の場、もう一方は日常生活から離れる場であって、求められるものは大きく異なる。天皇家の場合、本邸である明治宮殿や東宮御所では、天皇（東宮）という身分を表現する様式として〈和風〉と〈洋風〉のいずれを選び、どう使い分けるのか、検討が繰り返されたが、別邸である御用邸の場合、社会的・政治的な意味合いが薄い分、本来の好みや要望がもっと素直に表れるはずである。

御用邸と、それをとりまく皇族たちの別邸から、〈和風〉〈洋風〉に対する「嗜好」をみてみよう。

御用邸の誕生

「御用邸」は、天皇家の別邸を指す。他に「離宮」という言葉もあるが、『明治工業史　建築編』では離宮は天皇のために設けた皇居以外の御殿、御用邸は皇太后・皇太子・皇子・皇女のために常住御殿以外に設けた御殿とする。つまり離宮は、皇居に代わる施設になりうるものといえる。天皇家が戦前に所有した離宮・御用邸は二七件。この中には前章でみた東宮御所（赤坂離宮）や、次章でみる霞ヶ関離宮（元有栖川宮邸）のように皇族の本邸の転用も含まれる。

別荘的なものでは、明治一九年の箱根離宮（神奈川）が最も早く、本来は明治天皇の脚気の治療のために建設された。箱根が選ばれたのは、侍医池田謙斎らが転地療養の場所として「病の流行の巣窟たる東京より距離三十里内外にして、山水秀麗、空気清浄なる地」が良いと進言したためである。この条件から、明治一七年に箱根の芦ノ湖畔が選定され、工事が行われたが、実際には先述の通り明治天皇は一度も利用せず、皇族や海外からの賓客の利用が多かった。この箱根離宮を除けば、明治一〇年代までの離宮・御用邸は都心または地方巡幸用の宿舎で、かつ二条離宮（京都）は江戸初期創建の二条城の御殿、横浜御用邸（神奈川）は三井組所有の住宅など、新築ではなく既存の施設を転用している。

続く明治二〇年代から三〇年代には、各地で次々に御用邸が新設された。この多くは、東宮嘉仁親王（大正天皇）と明治天皇の四皇女のための施設である。東宮用として最初に建てられたのは熱海御用邸で、明治二二年に竣工した。きっかけは、嘉仁親王の御教養主任曾我《そが》祐準《すけのり》の意見で、明治二一年の夏、この春に百日咳を患った嘉仁親王の静養のため、曾我は明治天皇に箱根での避暑を進言した。天皇も、生母である中山愛子《なるこ》も、親王が遠出することに難色を示したが、試みに一週間だけ転地したところ効果が認められたため、翌年一月に今度は避寒のため熱海に六週間滞在した。これが先例となって、東宮や皇女の御用邸が次々建設されたという（『明治天皇紀』）。以後、熱海・沼津・日光田母沢《たもざわ》・塩原の各御用邸が東宮嘉仁親王のため、日光と小田原が常宮昌子《つねのみやまさこ》内親王と周宮房子《かねのみやふさこ》内親王、箱根宮ノ下・鎌倉が富美宮允子《ふみのみやのぶこ》内親王・泰宮聡子《やすのみやとしこ》内親王のために創設されている。皇后や東宮は、他の人と同じ施設を同時期に利用することはないため、それぞれに御用邸が必要だったのだ。このため四人の皇女が明治末期に次々と結婚した後、多くが不要となり、関東大震災後に廃止されている。

　廃止された御用邸がある一方、拡充されたものもある。沼津御用邸や葉山御用邸がこれに当たり、その時期はどちらも明治三〇年代と大正初期で、前者は明治三三年の東宮の結婚による。沼津御用邸を例にみると、明治二六年の創建当初は、主要な建物は御座所と御学問所を兼ねる一棟（以下、御座所棟と呼ぶ）と玄関棟のみの小規模な構成で、嘉仁親王の避寒のための最低限の機能が用意されていた。しかし、明治二八年には新しい御座所棟と女官棟が増築され、さらに結婚の翌年の明治三四年には洋館の御書斎・御食堂が建てられて、創建時の御座所棟が東宮妃の御座所棟に転用された。また、明治末から大正初期にかけて、今度はその皇子のために附属邸の建設が進められている。嘉仁親王の結婚による増築も、付属邸の建設も、御用邸を用いる人数の増加に応じるためであって、東宮・東宮妃・皇子のそれぞれに御座所・御寝室などの居住空間が別棟で設けられた。一人に一棟の御殿を用意するこの方法は明治宮殿と同様で、さらに近世まで遡る伝統的な構成である。また、最初はひとつの建物に納めていた東宮の生活空間から謁見などの機能を分け、公的な空間を充実している。

その最も進んだ姿が、日光の田母沢御用邸だ。明治三二年に建てられたこの御用邸の場合、沼津御用邸の拡充後の規模を当初からほぼ備えていたが、さらに大正七から九年に謁見所・表御食堂などを増築した。これは、嘉仁親王が天皇に即位してもなお、夏期・冬期には明治宮殿を離れて御用邸に長期滞在したためで、政務に支障を来さないよう公的な機能をより補強している。葉山御用邸でも同様に、大正五年に公的な建物を増築し、この際謁見や儀式の設備を持つ海外の離宮が参考とされた（「葉山に新離宮」『建築世界』大正四年

図60　日光田母沢御用邸

三月)。東京から近く、しかも海軍の拠点である横須賀にも近い好立地を活かし、葉山御用邸は「日本のベルサイユ宮殿」を目指していたのである。

こうして御用邸は、嘉仁親王の成長に合わせ、避暑・避寒など医学的な見地による私的な生活空間から、公的な機能も備えた「小さな皇居」へと変わっていったのである。

御用邸の建築　では、御用邸はどんな別荘だったのだろう。

沼津御用邸は、明治二六年の創建以降、同二八年・三四年に大規模な増築が行われ、さらに明治三六年に東附属邸、同三八年に西附属邸が設けられた。

東西の附属邸に対し、当初からある中心部分は本邸と呼んでいる。このうち、明治三四年に増築した御食堂・御書斎が洋館だったことはすでにみた通りで、東宮御所と同じ片山東熊《かたやまとうくま》が設計を担当した。この時期、片山東熊は東宮御所の設計の最中だったが、沼津御用邸の洋館は木造・平屋で七〇坪ほどと、比較にならないほど規模が小さい。

実は、この沼津御用邸の洋館は異色の存在で、他の御用邸で洋館を新築した例はない。葉山御用邸でも、南御用邸の一部に二階建ての洋館があったが、これは敷地とともに買い上げた元三宮錫馬男爵家の建物で、他はすべて和館である。日光田母沢御用邸や熱海御用邸も、規模は異なるものの、複数の棟が雁行して連なる伝統的な外観や配置を採った。天皇家の別荘である御用邸は、創設当初から〈和風〉を主体として建設されたのである。

内部をみてみよう。沼津御用邸の場合、明治二六年の創建時の図面（『沼津御用邸新築百分一地図』都立中央図書館蔵）をみると、東宮の御座所棟の御座間や御寝室、廊下は畳の上に絨毯を敷き詰め、御車寄《おくるまよせ》や大廊下は板敷の上に帆木綿を敷く。さらに、明治二八年・三四年の二度の増築後の図（『沼津御用邸平面図』都立中央図書館蔵）でも、東宮の新しい御座所棟や侍従室、事務所などはみな絨毯敷きで、椅子座すなわち〈洋風〉の生活を想定したことがわかる。

興味深いのは、先にみた通り、新しい御座所棟の増築によって、創建時の東宮の御座所

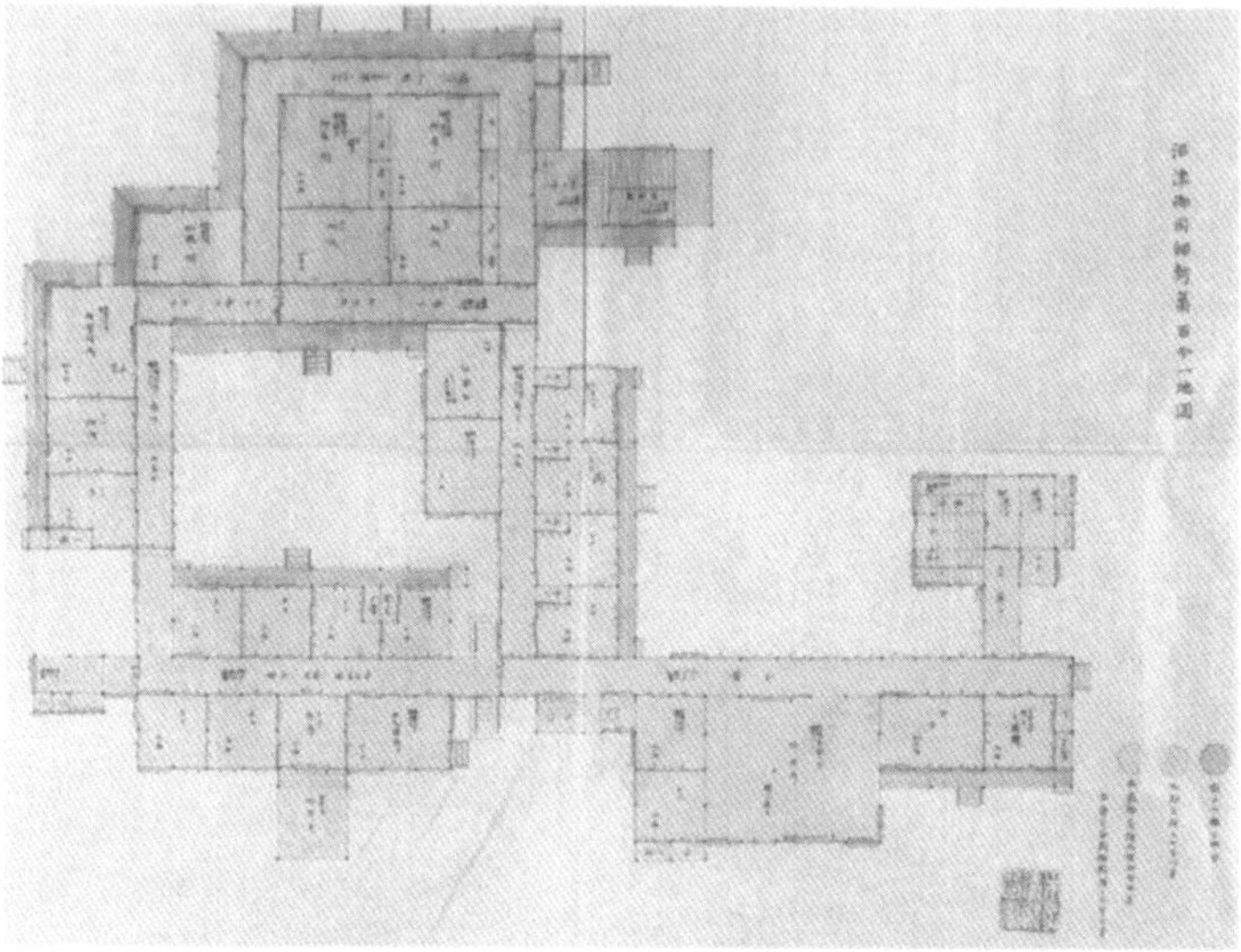

図61　沼津御用邸平面図（創建時，都立中央図書館木子文庫蔵）

棟が東宮妃の御座所棟に転用された点で、当初は先にみたように全室畳の上に絨毯を敷いたが、転用に当たり御寝室のみ畳敷きに変えられている。また、女官棟もほとんどが畳敷きで、女性の寝室では床座すなわち〈和風〉の生活様式が用いられた。明治宮殿でも、皇后の御寝室や局は畳敷きだから、別荘でもそれを踏襲したのだろう。この女性の空間を除けば、明治三〇年代前半までの御用邸は、洋館がほとんど存在しなくても、生活様式は公私ともに〈洋風〉の椅子座だったのである。最初に建てられた熱海御用邸でも御座所・御寝室・御学問所は絨毯敷きだから、これは御用邸創設時からの形式といえる。

ところが、葉山御用邸のうち南御用邸の御殿はこれと矛盾する。この建物は、明治二九年に東宮嘉仁親王のために創始されたもので、大正八年の図面では、謁見所など表向の部分は従来通り絨毯敷きだが、御座所や内向の謁見用とみられる続き間はすべて畳敷きで、周囲の廊下も畳を敷く。内部に天皇が祖先を遥拝するための「御日拝所」と呼ぶ部屋が設けられていることから、嘉仁親王は即位して天皇になった後もこの南御用邸を用いたとみられる。

あらためて嘉仁親王（大正天皇）の生活空間をみると、明治三一年から住んだ赤坂離宮内の東宮御所は二階建ての御常御殿を有したが、これは東宮妃のみならず東宮の部屋も全室畳敷きである。また明治宮殿も、明治天皇の代に創建された当初は御常御殿の御寝の間（寝室）や御座間もみな絨毯敷きだったが、昭和天皇が即位後明治宮殿に遷るに当たり、この寝室を畳敷きから絨毯敷きに改造している（片野真佐子『皇后の近代』）ことからみて、間に当たる大正天皇の時代のみ畳敷きだったことがわかる。先に、嘉仁親王の地方巡啓の際、行在所の御寝室が畳敷きで準備された様子をみたが、これも東宮の日常の姿に合わせたものだろう。つまり、嘉仁親王は、明治二〇年代には明治天皇に従い、最も私的な空間である寝室も絨毯敷きとし椅子座を用いたが、明治三〇年代以降、畳敷き、すなわち床座

図62　日光田母沢御用邸謁見所

図63　日光田母沢御用邸御寝室

を選んだことになる。葉山御用邸の南御用邸の御寝室の姿は、この嘉仁親王の生活スタイルの変化に対応したものだったのである。

その姿は、現存する田母沢御用邸にみることができる。二階建ての御座所棟のうち、一階の御座所は畳の上に絨毯敷き、二階の御寝室は畳敷きであり、皇后の御座所や御寝室ももちろん畳敷きだ。また、謁見所や表御食堂など公的な空間では、床を絨毯や寄木張りにし、椅子や机、テーブルを置く〈洋風〉の形式を採る。しかし、謁見所の玉座の背後には、床の間・違棚《ちがいだな》・付書院という書院造以来の要素が並び、蟻壁《ありかべ》を廻《めぐ》らした高い格天井《ごうてんじょう》も合わせ、格式表現としては〈和風〉に依存する。この形式が、御用邸の典型として定着したといえる。

御用邸の技術

ところで、田母沢御用邸は昭和二二年に日光市に下賜され、近年国の重要文化財に指定されて大規模な修理が行われた。この修理は、建物の柱や梁などの骨組を持ち上げて基礎を補強し、内装の大部分をやり直す大規模なもので、大工をはじめ、左官・屋根師・経師《きょうじ》・錺金物師《かざりかなものし》・畳師など、多くの職人が携わった。現在一般にはすでに失われている技法もあるが、可能な限り既存の材料を再利用し、大正時代の姿への復原が図られた。

この田母沢御用邸にみるように、御用邸は一見質素にみえつつも、〈和風〉建築としては最高の材料と技術で作られた。当然、創建時だけではなく、継続的なメンテナンスが必要で、このため御用邸の周囲にはその建築に関わる高い技術を持った職人が集積する結果となった。

葉山町の守谷表具店もそのひとつで、戦前から葉山御用邸の襖や障子を担当されている。

初代守谷作治郎氏は、大正三年（一九一四）に葉山で生まれ、数え一五歳のとき、宮内省の仕事を受けていた東京芝の平岡秀一経師店に弟子入りし、明治宮殿の賢所《かしこどころ》や昭和四年の大宮御所造営などに携わった。昭和一一年、二三歳で独立して葉山で開業、昭和一五年から御用邸の仕事を受けている。

守谷作治郎氏に御用邸の仕事についてお話を伺ったことがある。守谷氏が御出入りをはじめた昭和初期当時、葉山御用邸の室内は畳の上に絨毯を敷き、廊下にはリノリュームを用い、一部に海を眺める展望室として二階も設けられていたという。リノリュームは当時輸入材料で、先にみた通り大正八年の南御用邸の図面では廊下などは帆木綿を用いているから、その替わりとして後にこの進歩的な材料が採用されたのだろう。

昭和一五年に守谷氏が宮内省に提出した工事経歴書をみると、独立三年目の昭和一三年に早くも高松宮家別邸の工事を請け、さらに山階侯爵家や桂太郎公爵家など、そうそうたる家を得意先としている。この経験と、宮内省御用の経師店で修行したという経歴によって、葉山御用邸への御出入りを許されたのである。もともと平岡経師店への弟子入りを紹介してくれたのも、二代にわたって御用邸出入りを務めた大工、鈴木久蔵氏だった。葉山は、御用邸の存在によって、人口わずか三万人という小さな町に不似合いなほど職人層が厚いといえる。

この葉山御用邸の襖の作り方は手が込んでいる。一般の襖は、反古紙《ほご》などで二、三回下貼りをした上に仕上げの紙を張るものだが、御用邸の襖の場合、全部で一二回張り重ねられる。一番下は「骨締め」と呼ばれる工程で西ノ内紙を張り、その上に渋紙を全面に糊を付けてべた張りする。この上は簑張り《みのばり》といって、ちょうど農具の簑のように框《かまち》に付く部分にだけ糊を付け、上へ張り重ねる。二枚重なるものは二遍張り、三枚重なるものは三遍張りなどと呼ぶが、御用邸の場合五遍張りである。さらに、箕面紙をべた張りし、次に紙の周囲にだけ糊を付ける袋張りを二回、腰の強い鳥の子紙を貼る裏打ちを経て、やっと仕上げの紙を張る。材料・張り方が一段階ずつ異なる手の込んだ仕事で、これを襖の両面行うのである。使用する紙もすべて漉《す》き元が決まっており、引手も含め、すべて宮内省が用意した。田母沢御用邸の修理工事でも、襖や壁の和紙張りは下地に一〇層の和紙が張られているから、この仕様が御用邸の伝統的な手法なのだろう。御用邸の仕事は、一般とは格段に違う手のかかるものであり、こうした難しい仕事が継続して存在したからこそ、優れた技術が受け継がれていったといえる。

皇族たちの別邸生活

もう一度、葉山に戻ろう。

別荘地を探す

葉山は、最初にみた通り、御用邸以外に複数の皇族別邸が存在したロイヤルリゾートである。葉山が別荘地として知られるようになったのは明治二〇年代のことで、当時の駐日イタリア公使レナード・デ・マルチノや、嘉仁《よしひと》親王の侍医エルウィン・ベルツら外国人が別荘を構えたことに始まる。明治二二年五月、このマルチノの別荘を皇族としては初めて有栖川宮熾仁《ありすがわのみやたるひと》親王が訪問した。熾仁親王は、同行の大隈重信夫妻らとともに、新橋駅から正式な開業直前の横須賀線で逗子《ずし》駅に至り、そこから人力車で葉山へ向かった。新橋駅を出たのが朝の七時五五分、葉山のマルチノ別荘に到着したのは一〇時五五分。当時の交通事情としては極めて短い道程である。マルチノ別荘では、親王らは西洋料理の昼食を取り、漁船に乗って森戸神社を散歩し、地引き網や庭で催された相撲を観て午後を過ごし、当日のうちに帰京している（『熾仁親王日記』）。

この滞在が良い印象を残したのだろう。熾仁親王は、二年後の明治二四年七月、現在の葉山御用邸の北側に別邸を設けた。その後、この年一〇月に熾仁親王が日帰りで訪れたのを皮切りに、実弟で跡継ぎの威仁《たけひと》親王と交互に滞在している。

後の葉山にとって重要なのは、この有栖川宮家の別邸に、翌二五年一一月には英照《えいしょう》皇太后、さらに翌二六年二月には東宮嘉仁親王が、それぞれ長期に滞在したことだ。皇太后は、以前から病を患って避寒を望んでいたが、侍医ベルツが保養先として推薦したこと、熾仁親王に対する明治天皇の信任が厚かったことから、有栖川宮家の葉山別邸が選ばれたのだろう。また嘉仁親王の場合、避寒用としてすでに熱海に御用邸が存在したにもかかわらず葉山に滞在した点に、天皇家の葉山への関心の強さが窺える。こうした経緯により、明治二六年五月に葉山御用邸の建設が立案され、村人一四人が所有していた土地が買い上げられて、翌二七年一月に御用邸は完成した。

このように、実際に滞在して別邸の設置を決める方法は、御用邸以外でもみられる。同じ葉山に別邸を構えた東伏見宮家の別荘地選びは、より慎重だ。依仁《よりひと》親王は、まず妃の実家である岩倉公爵家が御用邸北側に所有した葉山の別荘に、明治三三年頃からたびたび滞在した。海軍に所属する親王にとって、葉山は横須賀港から直接訪れることができる点でも好都合だったのだ。明治四三年に依仁親王が肺炎を患った際は、当時東伏見宮家の御用掛を務めていた香川敬三伯爵の逗子の別荘で療養し、この年四月、ついに香川の紹介で逗子に別邸を購入した。葉山に場所を移して新たな別邸を建設したのは、さらに四年後の大正三年で、海と富士山を臨む小高い丘上の敷地が選ばれた（『依仁親王』）。葉山では、明治二六年に北白川宮家も別邸を建設、昭和四年には秩父宮家も加わって、最盛期には御用邸を含め五家の皇族別邸が建ち並ぶことになった。

葉山のように宮家の別邸が集中する地として、他に熱海や鎌倉があり、いずれも御用邸が置かれた点が共通する。関東大震災前に限ると、御用邸所在地以外に設けられた避暑・避寒用の別邸は、小松宮家の三島別邸（静岡、明治二三年）や伏見宮家の銚子《ちょうし》別邸（千葉、明治三八年）、梨本宮家の大磯別邸（神奈川、大正二年）など例が少なく、しかも梨本宮家の場合、妃の実家の別邸が存在したこと、小松宮家や伏見宮家の場合、陸軍の演習で立ち寄ったことが別邸建設の契機となるなど、明確な理由を持つ。こうした特別な例を除けば、宮家の別邸は震災前には御用邸近くに置くことが基本だったといえる。

一方、関東大震災後は山間部、とくに妙高高原・河口湖・御殿場《ごてんば》・蓼科《たてしな》など御用邸のない新興別荘地にも新設され、数も大幅に増える。震災では、湘南地域が大きな被害を受け、鎌倉では山階宮家の材木座《ざいもくざ》の別邸が全壊して佐紀子妃が圧死、小田原でも閑院宮別邸が倒壊し、寛子女王が亡くなった。このため、被害が大きかった海浜別荘地が避けられ、箱根・軽井沢・御殿場など内陸の別荘地へ移る結果となった。

高松宮家では、皇女の避暑用だった箱根の宮ノ下御用邸が昭和八年に廃止された際、これを譲り受けて別邸とした。このとき、宣仁《のぶひと》親王は御用邸を自ら検分して、「考へたより地形の悪い土地だ」「景色は見えず具合よくない」（『高松宮日記』）と不満を述べつつ、別邸用に改修を行っている。旧宮ノ下御用邸は、現在富士屋ホテルの別館・菊華荘として現存するが、確かに背後に山が迫り、立地上景色はあまり望めない。宣仁親王は、「宮下には家族ごとつれてゆける様な家をつくりたい。（中略）子供の具合で家族をつれられぬものはそれでよしとして、二家族位のこれる部屋をつくりたい」と記しており、お供も含め、家族と過ごす場所を持ちたいと望んでいたことがわかる。別邸は、御用邸の初期のような療養の施設から、家族でくつろぐ場所へ変わったといえる。

遠い別邸・近い別邸

ところで、数ある皇族別邸のうち、最も東京から遠いのは、有栖川宮家の舞子《まいこ》別邸（兵庫、明治二一年）と翁島《おきなじま》別邸（福島県猪苗代、明治四一年）である。他の別邸や御用邸が東京近辺に集中する中やや異例だが、これは天皇や東宮の行在所として使うことを想定したとされる。舞子別邸は、明治二一年一二月に

図64　有栖川宮家舞子別邸（『有栖川宮総記』より）

旧矢島作郎別荘を購入して創設され、明治二七年に二階建ての和館を新築した。以来、延べ八回も明治天皇の行在所となり、東宮嘉仁親王の行啓も何度も迎えた。当初の目論見通り、ただの別邸ではなく、御用邸に準じる使い方がされたのである。これは翁島別邸も同様で、明治四一年八月の完成後、早くも同年九月に嘉仁親王が訪れた。李白の詩の一節をとって、この建物に「天鏡閣」と命名したのも嘉仁親王であり、さらに次代の昭和天皇が東宮時代、いわば新婚旅行を過ごしたのも翁島別邸だった。有栖川宮家は、最初に建てた霞ヶ関本邸が後に離宮となるなど、その本邸・別邸は一宮家の住宅という性格を超え、天皇家の藩屏《はんぺい》としての立場を色濃く示すものだったのである。

　京都もまた宮家の別邸が多い場所のひとつだ。ただし、その多くは江戸時代の本邸・別邸を継承したもので、伏見宮家が鴨川西岸に所有した河原屋敷と呼ばれる別邸も、遅くとも江戸中期には存在している。また、久邇宮家の場合、東京移住前の京都本邸は京都御苑南西隅の元静寛院宮《せいかんいんのみや》（和宮）屋敷だったが、移住後の明治三一年に新たに荒神口に敷地を賜り、ここに初代朝彦《あさひこ》親王の長男と四男が住んだほか、当主がほぼ毎年一族の墓参のため訪れた。京都別邸は、大正天皇の即位に際し、京都御所での式典にここから参列することがステイタスになったという。東京に移ってもなお、京都は皇族の「原点」として重視されたのである。

　東京近郊にも別邸はある。有栖川宮家では、小石川区丸山町と巣鴨村にまたがる地に別邸を持ち、「巣鴨別邸」と呼んだ。これは、もと幕府の廻船方御用達を務めた豪商・嘉納《かのう》治朗作《じろさく》の別邸で、紅葉の名所として「紅緑荘」の別名を持つ。熾仁親王は、明治一一年秋に観楓のため皇后・皇太后を招いて以来、度々この邸宅を借用し、明治一九年についに購入した。鷺《さぎ》猟もでき、風雅な庭園を持つこの別邸を熾仁親王は愛し、訪れる回数は多いときには月に一〇回以上にのぼった。次代の威仁親王の時にさらに拡張され、嘉仁親王の行啓も迎えている。一方、小松宮家の浅草・橋場の別邸は、元福井藩主松平春嶽《しゆんがく》の別邸で、春嶽没後の明治二〇年代後半に小松宮家に譲られた。隅田川に面し、古くから知られる景勝の地に設けられたこの別邸は、幸田露伴《こうだろはん》の『水の東京』でも取り上げられ、小松宮彰仁《あきひと》親王はここで明治三六年に亡くなった。

有栖川宮熾仁親王も小松宮彰仁親王も、明治維新を象徴する人物であり、次章でみるように、皇族で最も早く本邸に洋館を建設した。とくに有栖川宮家の場合、本邸は洋館だけで構成され、すべての生活が洋館で完結する本格的な〈洋風〉の生活を営んだ。しかし、有栖川宮家の巣鴨別邸が本邸の洋館完成後ほどなく設けられていること、巣鴨別邸の利用頻度が極めて高いことをみると、この〈和風〉の別邸があってこそ本邸での〈洋風〉の生活が成り立ったように思える。本来別荘は、本邸から離れているからこそ日常を忘れられるはずだが、本邸の近くにあるからこそ頻繁に訪れ、つかの間でも日常から離れることができる。建前が先行する本邸にはない機能を補完することが「東京の別邸」の役割だったといえる。

近世の嗜好を継承する

では、これらの別邸で、皇族たちはどのように過ごしたのだろう。

歌を詠む親王

有栖川宮家《ありすがわのみや》の舞子《まいこ》別邸を例にみよう。有栖川宮熾仁《たるひと》親王が初めて舞子を訪れたのは明治二一年八月で、姫路から須磨寺や一ノ谷などの名所を巡って赴き、旅館観瀾楼に宿泊した。この二ヵ月後には別邸の土地購入のため家従を舞子に派遣し、四ヵ月後の同年一二月に取得した。翌年の九月九日に熾仁親王は舞子を訪れ、「天気晴朗、満月清光、眺望絶景、舞子浜松間ノ月光、亦《また》佳景ナリ」とその風景を記している（『熾仁親王日記』）。この日は旧暦の八月一五日、中秋の名月で、舞子は須磨の浦に続く景勝地として大勢の人びとが浜に月見に訪れていた。熾仁親王は、この月を愛でるために、舞子を訪れたのである。

この後舞子別邸では、明治二五年から二六年にかけて二階建ての和館が新築され、親王は大工と面談し、建物の配置を決める縄張《なわばり》に立ち会うほど熱を入れた。完成後初めて滞在した熾仁親王は、あらためて月が冴え渡る様子を見て、「新しき舞子の宿にけふつきて清くもすめる月を見るかな」と詠んだ。親王は、日清戦争中の明治二七年九月に広島大本営に向かう際にも、宿所である神戸御用邸から寸暇を縫って舞子を訪れ、やはり中秋の名月を愛でている。

この月や花など四季や自然を愛でる姿、歌を詠む姿こそ、近世の公家の伝統を受け継ぐ別邸生活の醍醐味だ。近代の皇族別邸の源流に当たる、近世の宮家や公家の別荘として修《しゅ》学院《がくいん》離宮と桂《かつら》離宮がよく知られ、前者は天皇を退位した院の別荘、後者は近世の宮家のひとつ、桂宮家の別荘である。これらが位置したのは、京都の郊外にあたる「洛外」であり、中世以来西行《さいぎょう》や鴨長明《かものちょうめい》などの先達が俗世を捨てて文芸と信仰に生きた地として、憧れの場所とされた。別荘の立地には、ただ景色としての美しさだけではなく、和歌の名所としての知名度や歴史上の由緒など目に見えない条件も尊重され、その風情や由緒を和歌や漢詩に詠むこと、共有しあうことが重要な趣向とされたのである。また、桂離宮は一般に回遊式庭園と称され、庭と建築が密接に結びついた空間が評価されがちだが、築山《つきやま》上の賞花亭がかつては庭の池側ではなく、敷地の外に向いて建てられていたように、本来はもっと外に開かれ、敷地内に留まらない広い視野を持っていた。

近世の天皇や公家たちは、別荘にふさわしい土地を選び、それを活かすこと、さらに和歌や漢詩など文芸の場として楽しむことに対し、鋭い感覚と文化的な蓄積を有したといえる。その蓄積を近代に活かす場が、身分表現に縛られた本邸ではなく別邸だったことは当然で、京都近郊から立地が大きく広がってもなお、近世的な感覚は生き続けたのである。

茅葺への嗜好

もうひとつ近世と共通する趣味がある。山里への憧れだ。

先に触れた有栖川宮家の葉山別邸は、「松雲館」と呼ばれる。その名の通り松林に囲まれ、海と富士山を臨むこの別邸は、葉山の在来の住宅を改修したもので、門も御殿も茅葺《かやぶき》だ。茅葺の二棟の御殿が雁行して建つ姿は田舎の民家そのものだが、深い庇《ひさし》と縁を廻らす点が別荘らしい。

同じ葉山に建つ北白川宮家の別邸もまた、茅葺だった。明治二六年五月竣工のこの別邸は現存しないが、宮内省内匠寮の技師だった木子清敬《きこきよよし》の図面やスケッチが残されている(都立中央図書館木子文庫蔵)。門は入母屋《いりもや》造の茅葺で、連なる塀も茅で葺く。御殿は、大きく二群から成り、うち一方は「表御座敷」や「一之間」「二之間」「若宮御方」などとあり、当主と若宮のための建物である。もう一方は、平面図に部屋名の記入がないが、他の図面で「御息所」と記されることから、妃のための部屋を含んだとみられ、男女で建物群を分

図65　有栖川宮家葉山別邸（『有栖川宮総記』より）

けていたことになる。

　このうち妃用の建物群は、五棟の茅葺を連ね、各棟の四周に深い瓦葺の庇を廻らし、間をやはり瓦葺の廊下で繋ぐ。興味深いのは、棟ごとに基準尺が異なる点だ。基準尺とは、平面を考える上で基本となる升目に当たり、〈和風〉建築の場合、おおむね畳の長手寸法と対応する。北白川宮家葉山別邸の場合、この基準尺が六尺五寸・六尺三寸・六尺の三種類あり、建物ごとに使い分けられている。六尺三寸の基準尺は、関西で主流とされるため「京間《きょうま》」と呼ばれ、部屋の内側（内法）の寸法をこの基準尺で決める内法制の設計方法と合わせ、茶室や数寄屋で多用される。異なる基準尺が混在するのは、有栖川宮家葉山別邸のように在来の民家を転用したためとも考えられるが、六尺五寸間は当主や妃

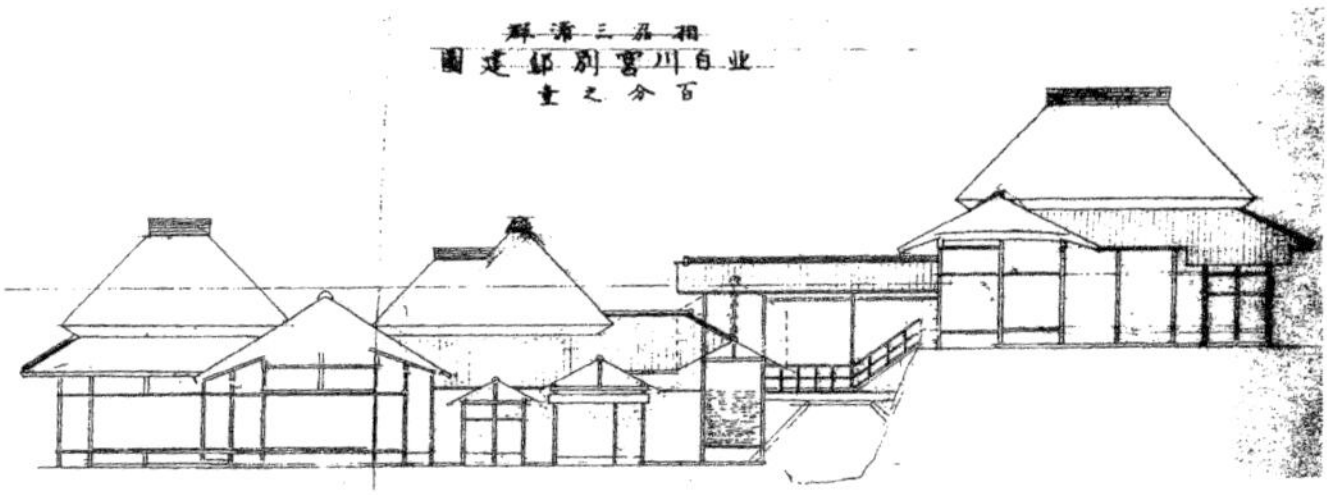

図66　北白川宮家葉山別邸立面図（都立中央図書館木子文庫蔵）

の居室棟、六尺三寸は侍女の局《つぼね》とみられる棟など、建物の用途によって作為的に使い分けられている。この六尺三寸の建物のみ図面の記述から既存建物の転用とわかるが、他はたんなる寄せ集めではなく、在来の民家を模して新築した可能性が高い。妃用の建物群には、四畳半と三畳の小間の茶室も設けられ、隣接する厠《かわや》も内部に踏石《ふみいし》や蹲《つくば》居《い》を置く凝った造りだ。高低差のある敷地に点在した茅葺の棟を、開放的な広縁や廊下で繋いだ伸びやかな空間は、背後に山を背負う葉山の地形によく映えただろう。

　こうした茅葺屋根は、隠遁者の庵や山里の象徴として、近世以来別荘で好まれた意匠である。先にみた桂離宮でも、松琴亭・賞花亭・笑意軒の三棟が茅葺で、土壁や竹などの素材と相まって、山里の風情を演出する。この質素な外観に対し、襖や引手など細部に艶やかな意匠を併用する点が公家好みの特徴である。いっぽう近代には、茅葺屋根は「田舎家」と呼ばれ、侘びた風情を持つものとして、政財界人の間で明治後期から大正にかけて広く流行した。これは、農業こそ国の根本とする経済思想、農本主義の影響ともいわれ、茶室では明治三四年の益田鈍翁《ますだどんおう》の品川本邸が最初とされるが、北白川宮家や有栖川宮家の葉山別邸の例はこれよりはるかに早く、思想的な意味合いより、近世以来の好みを近代に素直に持ち込んだと考えるのが妥当だろう。明治宮殿では、〈和風〉は近代天皇の立場を表現する意匠として、採用したリバイバルデザインだったが、皇族別邸の〈和風〉は意匠も、その楽しみ方も、近世を継承しているのである。

ただし、別邸の〈和風〉にも幅がある。

〈和風〉のヒエラルキー

北白川宮家や有栖川宮家の葉山別邸の〈和風〉は、その凝った意匠にみるように、数寄屋造《すきやづくり》と総称できる。いっぽう、次章でみる本邸や御用邸の公的空間にみる〈和風〉は、太い柱や長押、格天井や折上天井の多用など、近世の書院造の系譜を汲む。この本邸＝公的＝書院造、別邸＝私的＝数寄屋造という図式は、そのまま近世の使い分けに一致し、くつろぐ空間を数寄屋造とするのは当然のようにみえる。

しかし、よくみると、さらに別邸の中でも意匠に差があることに気づく。先の北白川宮家葉山別邸で、茅葺屋根を用いたことが明らかなのは、実は妃用の建物群のみで、使う柱も妃の居住棟は面皮柱《めんかわばしら》、当主・若宮側の居住棟は角柱《かくばしら》と異なる。面皮柱とは、柱の四隅に丸太の丸みを残した柱のことで、その線の柔らかさや質感の対比から、数寄屋造に好んで用いられる。また、妃用の建物では襖の上部、内法高さにのみ長押《なげし》を廻すが、当主や若宮用の建物では内法高さと天井高さの二段に長押を廻し、表御座敷はさらに格天井《ごうてんじょう》とする。つまり、妃用すなわち女性の空間が数寄屋造、当主や若宮用すなわち男性の空間は書院造という使い分けがなされたこと、数寄屋造は別邸全体を貫く意匠ではなく、女性用に限定されたことがわかる。

賀陽宮《かやのみや》家の須磨別邸も同じ使い分けがみられる。賀陽宮家は、明治三三年創設の比較的新しい宮家で、大正一〇年まで京都に住み続けた。須磨別邸は、この京都本邸から通う別邸で、明治三七年一一月に着工、翌三八年八月に竣工した。この別邸は、都立中央図書館木子文庫所蔵の図面によると、基準尺を六尺三寸の京間とし、表対面所を含む玄関棟、御居間や御小座敷を持つ当主の生活棟、妃の生活棟、子供たちの生活棟の四棟と、家扶《かふ》や侍女の空間からなる。表対面所のみ板敷きで椅子座とみられるが、これ以外の当主や妃の生活棟はみな畳敷きで、とくに当主の空間は廊下まで畳敷きと徹底している。注目したいのは柱で、当主の生活棟や玄関棟は檜の四寸二分柱、子供の棟は三寸八分とやや細い栂《つが》柱で、いずれも角柱だが、妃の棟のみ北山杉の丸太を使う。座敷飾も、妃の御居間は床《とこ》・棚を鍵型に配する凝った造りだが、当主の御居間は床《とこ》・棚・書院をセオリー通りに並べ、天井を格天井にするなど、くつろぐ場とは思えないほど堅い造りである。この賀陽宮家の須磨別邸も、女性の空間だけが数寄屋造を採っている。

この男性の空間は書院造、女性の空間は数寄屋造という図式は、男性は表向、女性は奥向という近世の認識をそのまま用いればほぼ当てはまる。本来別荘は「表」すなわち公的な機能を必要とせず、「奥」だけの構成のはずだが、公的な性格を加味するのは、近世と近代での宮家の立場の違いといえるだろう。別邸内での公私の区分を男女差に置き換え、意匠で表現した結果がこの図式なのである。

これは、別邸の使い方とも関係する。北白川宮家の場合、葉山別邸が完成した二年後に当主能久《よしひさ》親王が没し、わずか八歳の成久《なるひさ》王が家督を継いだ。葉山別邸は、能久親王妃富子など女性の利用が通年にわたって多い反面、子供は夏期などに限られ、男性はさらに利用が少なかった。これは、他の宮家でも同様で、明治天皇が一度も御用邸を利用しなかったように、別荘そのものが明治期には女性のための施設との印象が強かったのである。

本邸と別邸。本当は、別邸こそ所有者の希望や好みを素直に示し、一番好きな空間ができるはずである。しかし、大正天皇が御用邸に移ってもなお「天皇」という存在であり、そのため公的な機能が強化されたように、皇族たち、とくに当主たちにとって、別邸といえどもただのくつろぎの空間にはできなかったのだろう。

別邸の二つの〈和風〉像は、一見近世以来の公家好みを色濃く残しつつ、近代に激変した皇族たちの身分や立場も密かに反映しているのである。

皇族本邸

〈洋風〉推進から〈和風〉回帰へ

東京遷都と皇族本邸

白亜の洋館

東京都港区高輪。品川駅にほど近い高台に、瀟洒《しょうしゃ》な洋館が建つ。高輪プリンスホテルの「貴賓館」と呼ばれる建物である。現在はホテル内の宴会場として用いられているが、もとは竹田宮家という皇族の邸宅の一部だった。高輪プリンスホテルそのものが、竹田宮邸の跡地なのである。この洋館が完成したのは明治四四年（一九一一）、宮内省の直営で建てられ、設計には内匠頭《たくみのかみ》片山東熊《かたやまとうくま》ら宮内省内匠寮の技師が当たった。ちょうど先にみた東宮御所（現・迎賓館赤坂離宮）の完成直後に当たり、内部の装飾には東宮御所と共通点が多い。真っ白な天井や壁のいたるところに金箔貼りのレリーフが施され、華麗で繊細な意匠は築後一〇〇年近くを経た今も美しい。

竹田宮家は、北白川宮能久《よしひさ》親王の第二王子恒久《つねひさ》王が創設した宮家で、明治天皇皇女昌子《まさこ》

図67　旧竹田宮邸洋館（現・高輪プリンスホテル貴賓館）

内親王を妃に迎えている。南側に隣接する新高輪プリンスホテルがもと北白川宮邸、さらに南側のホテルパシフィック東京がもと朝香宮《あさかのみや》邸で、この二家も明治天皇皇女の嫁ぎ先である。高輪南御用邸という天皇家の御殿を、皇女が嫁いだ三つの宮家に分け与えたため、妃が姉妹の三家が近接することになったのだ。このうち朝香宮家は、当主鳩彦《やすひこ》王がパリ留学中の大正一二年（一九二三）に自動車事故に遭い、看病のため妃である允子《のぶこ》内親王もパリへ赴いた最中、関東大震災で本邸が罹災、帰国後は白金台に敷地を移して、パリ滞在時に心酔したアール・デコ様式の新邸を昭和四年から四年間かけて建設している。この建物が、現在の東京都庭園美術館である。

竹田宮邸も、朝香宮邸も、東京を代表する「洋館」である。戦前には、『皇族画報』などの写真集を通じ、宮家の生活や服装は庶民の憧憬の対象とされた。ファッション・スポーツ・建築・インテリアなど、宮家を通じて西洋から日本に初めてもたらされたものは多く、鹿島茂氏は「日本人は、旧宮家という窓口を介して西欧化を成し遂げたという側面が強い」としている（『宮家の時代』）。宮家は「〈洋風〉化の推進者」ともいえる存在であり、その住宅が「洋館」であることは何の違和感もないようにみえる。

しかし、本当に宮家は〈洋風〉化を一途に目指したのだろうか。

皇族の頂点である天皇家の場合、明治二一年完成の明治宮殿では、内部に〈洋風〉の生活様式である椅子座を採用しつつ、外観も室内意匠も〈和風〉を主体とした。いっぽう、明治四一年完成の東宮御所は、正統的な〈洋風〉建築でありながら、〈和風〉の装飾が意図的に配された。実は、宮家の本邸の多くは、この二つの宮殿の前後に建てられている。明治宮殿や東宮御所での様式や意匠の模索が影響を与えたことは想像に難くない。

以下、皇族の住まいの〈和風〉〈洋風〉に対する葛藤を、明治初期からみてゆこう。

宮家の東京移住

宮家は、天皇の親戚に当たり、皇位継承を補佐する意味で設置された家である。江戸時代には桂宮・有栖川宮《ありすがわのみや》・伏見宮・閑院宮の四家（四親王家）があり、光格《こうかく》天皇が閑院宮家の出身であるように、天皇に皇子がいない場合、宮家から天皇が立てられた。この四親王家に加えて、幕末に山階宮《やましなのみや》家と中川宮家（後の久邇宮家）が創設、さらに明治初期に北白川宮家・華頂宮家・小松宮家・梨本宮家の四家が創設された。いずれも、門跡寺院に出家していた伏見宮家出身の皇族を、明治維新により還俗《げんぞく》させたものである。明治後期には、再度宮家の創設ラッシュが起こり、賀陽宮《かやのみや》家・東伏見宮家のほか、明治天皇皇女の嫁ぎ先として、明治三九年に朝香宮・竹田宮・東久《ひがしく》邇宮《にのみや》が創設されている。その一方、桂宮家・有栖川宮など四家が明治期に廃絶、結局終戦時には一一宮家と大正天皇の皇子が創始した直宮三家が存在し、明治四三年以降は韓国併合により李王家二家も皇族に加わった。

これらの宮家は、江戸時代にはいずれも京都の、天皇の住む内裏周辺に住まいを構えていた。たとえば桂宮家は、現在の京都御苑の北西の一角がもとの本邸で、建物は移築されたものの、現在も築地塀や門が残る。かつては、この西側は五摂家筆頭の近衛家、南側は一条家の本邸で、宮家や公家の大部分が「公家町」と呼ばれたこの京都御所周辺に集住した。

しかし、これら宮家や公家は、天皇の東京遷幸に伴って慌ただしい引っ越しを強いられた。明治三年、前年の通達で「華族」と名を変えた公家たちに東京への移住が命じられ、京都の本邸・別邸を召し上げる代わりに、東京に新たに屋敷が与えられた。こうして、公家と一緒に宮家も京都から東京へ住まいを移し、明治期に創設された新しい宮家も、久邇宮・梨本宮などが長く京都に留まったものの、大部分は創設と同時に東京に本邸を構えた。

移住当初本邸としたのは、旧大名藩邸である。天皇の遷幸に付き従った宮家は、最初は旧江戸城の皇居内に暮らしたが、明治六年五月に皇居が全焼して天皇が赤坂の仮皇居へ移ったため、以後皇居と別に本邸を構えることになり、三〇〇〇坪を標準として政府から敷地が与えられた。有栖川宮家の場合、最初の本邸は芝浜崎町の元紀州徳川家下屋敷、明治八年に移転した先は霞ヶ関の九鬼《くき》家三田藩邸であり、伏見宮家も富士見町の元酒井家庄内藩邸から、紀尾井町の元井伊家彦根藩邸に明治一二年に移転している。当初は、建物も藩邸をそのまま用いたが、やがて新時代にふさわしい邸宅の新築に順次着手する。

最初に本邸を新築したのは小松宮家（明治三〜一五年は東伏見宮と呼称）である。当時の当主・彰仁《あきひと》親王は、鳥羽・伏見の戦いで軍事総裁を務めるなど明治維新での功績が大きかった。駿河台の旧旗本邸地で明治一一年五月に着工し、同一三年に竣工した邸宅は、和館と洋館が並び立つ構成で、日本人住宅での洋館の建設例としてごく初期に当たる。

これに続くのは有栖川宮家・伏見宮家・北白川宮家である。有栖川宮家は、先述の通り明治八年に霞ヶ関の旧三田藩邸に移り、五年後の明治一三年に新築に着手した。この当主熾仁《たるひと》親王もまた、戊辰戦争の東征大総督で、西南戦争でも大総督を務めた重鎮である。設

図68　有栖川宮邸洋館（『明治洋風宮廷建築』より）

計は、明治を代表する御雇い外国人建築家、J・コンドル。明治一七年七月に竣工、その後明治一八年六月までかけて庭園の工事が行われた。この邸宅は、後に宮内省に敷地・建物とも買い上げられ、霞ヶ関離宮として外交接待などに用いられた。国の迎賓施設に転用するほど、質の高い邸宅だったといえる。

一方伏見宮家は、明治五年一一月の東京移住以後、神田・西小川町から富士見町、さらに明治一二年五月に紀尾井町へと、慌ただしく移転を繰り返した。紀尾井町に落ち着いた後、明治一四年三月に新築を開始し、同年九月に一部が竣工して移転、明治一五年の秋に全体が完成した。この敷地には和館と洋館が存在したが、明治一九年頃の陸軍陸地測量部作成の地図では和館部分しか描かれておらず、最初は和館だけが建てられたようだ。洋館は、東宮御所を指揮した片山東熊の設計で、明治二三年三月に建築に着手、同二四年に竣工している。

北白川宮家は、明治九年に紀尾井町に邸地を得て、明治一四年八月に新築に着手、翌年一一月に和館、さらに一年後に洋館がJ・コンドルの設計で竣工した。当主能久親王は、明治三年から七年間プロイセンに留学、後に日清戦争に近衛師団長として出征するなど、陸軍の中枢にあった。

こうして、維新の功労者を先頭に、明治一〇年代に宮家の邸宅が次々と建設されていったのである。

三度の本邸建設ブーム

ところで、注目したいのは、この四家がいずれも明治後期以降に、再び本邸を建設していることである。

最初は小松宮家で、明治二八年に駿河台から葵町へと屋敷を移し、新邸を造営した。この邸宅は、明治三六年に当主彰仁親王が没し、跡継ぎがないため宮家が断絶した後、東伏見宮家に譲られている。続く有栖川宮家は、霞ヶ関の本邸が先述の通り明治三一年に宮内省に買い上げられたため、かつて先代幟仁《たかひと》親王の隠居屋敷だった麴町《こうじまち》三年町に新たな邸宅を建てることになり、三六年四月に上棟、同年一二月に移転した。また、伏見宮家は邸地の移転こそなかったものの、大正一二年の関東大震災で建物が倒壊、昭和三年七月から四年一二月にかけて再建している。

　北白川宮家の場合、明治四二年の明治天皇皇女房子内親王の降嫁を機に高輪に新邸を建設、四五年五月に紀尾井町から移った。隣りではやはり明治天皇皇女を迎えた竹田宮家が新邸を建設し、北白川宮家より一足早く、明治四四年に和館と洋館を持つ住宅が完成している。これが冒頭でみた高輪プリンスホテル貴賓館である。以上の二度目の本邸建設は、小松宮家がやや早いものの、明治後半に集中する。

　この時期は、実は他の宮家も本邸建設の最中にあった。

　ひとつには、久邇宮家や梨本宮家など、明治以降も京都に暮らした宮家が遅れて東京に移住したためである。久邇宮家は、初代朝彦《あさひこ》親王が幕末に三条実美《さんじょうさねとみ》らを追放するなど力をふるったが、これが王政復古後一転して不利となり、朝敵の疑いをかけられて広島に配流された。この罪は数年後に許されて京都に戻るが、最後まで東京へは動かず、久邇宮家は実質的にこの朝彦親王が明治二四年に没するまで京都に留まった。跡を継いだ邦彦《くにひこ》王は、明治二五年に東京へ移転、鳥居坂の元井上馨《かおる》侯爵邸を住まいとしている。いっぽう、梨本宮家の場合、初代守脩《もりおさ》親王に男子がなく、山階宮家から菊麿王《きくまろおう》が養子に入ったが、成人前に守脩親王が没し、さらに実家の山階宮家が跡継ぎを欠いたため、菊麿王は山階宮家へ戻った。代わりに梨本宮を継いだのは久邇宮家の四男守正《もりまさ》王で、幼年の当主が続いたことから東京移住は明治一五年まで遅れた。両家は、このため本邸建設も遅く、梨本宮家の場合、別邸として所有していた青山に新邸の建設を始めたのが明治四一年三月、竣工は二年後の四三年一一月である。また、久邇宮家の場合も、鳥居坂の元井上馨邸の転用と、麴町一番町の仮住まいを経て、大正五年二月に渋谷町宮代（現在の広尾）でやっと新邸建設に着手している。どちらも、前章でみた東宮御所の完成後のことである。

さらに、朝香宮家や竹田宮家、東久邇宮家など、明治三九年に新設された宮家が本邸を構えたのもこの時期だった。また、さらに下って関東大震災後には、大正天皇の皇子である秩父宮・高松宮など直宮《じきみや》の邸宅や、明治四三年に皇族に加わった韓国の李王家の東京邸が宮内省内匠寮の手で建てられている。

つまり、皇族の本邸の建設は、屋敷替えや災害などの理由により、明治一〇から二〇年代と、明治期後半、震災後の大きく三時期にピークがあったといえる。

〈洋風〉推進から〈和風〉回帰へ

皇族本邸の建築様式

皇族たちの本邸は、どのような姿だったのだろうか。

近代皇族の本邸は、明治宮殿と同様、接客を中心とする公的な空間である「表」と、当主とその家族が生活する私的な空間である「奥」から成り、位置的にも敷地の入口に近い側に「表」、奥側に「奥」を置いた。さらに侍女たちの生活空間である局《つぼね》や、家政を担当する家従《かじゅう》・家扶《かふ》らが執務する役所（事務所）が加わり、複数の棟で構成された。この構成と建築様式の〈和風〉〈洋風〉との関係に注目してみてゆこう。

まず、明治一〇から二〇年代のいわば第一期は、宮家で最初に本邸を建設した小松宮家の場合、和館と洋館が並び建つ住宅だった。平面と合わせてもう少し詳しくみると、煉瓦《れんが》造二階建ての洋館は、現存する平面図に部屋名がないものの接客関係の表向とみられ、対する和館は御座所など奥向に充てられている。このように、公的な空間を洋館、私的な空間を和館とし、両方を併置する形式は「和洋併置型住宅」と呼ばれ、明治期の上層住宅の典型的な構成である。小松宮家の場合、さらに別棟の事務所棟も、木造で伝統的な和小屋を用いるものの、オイルペイント塗・下見板張りのいわゆる擬洋風の建築である。和館はこの事務所棟と洋館の背後に置かれ、表門からは見えないから、洋館を前面に出した構成といえるだろう。

続く有栖川宮《ありすがわのみや》家と北白川宮家は、先述の通りJ・コンドル設計の本格的な洋館を持つ。有栖川宮家は、洋館が二棟あり、それぞれ本館・若宮館と呼んで、当主の熾仁《たるひと》親王と、実弟で跡継ぎの威仁《たけひと》親王が一棟ずつ使い分けた。洋館は、いずれも一階が接客空間、二階が寝室など私的空間で、別に建つ和館には家従や侍女が使用する部屋しかないから、当主とその家族の生活は洋館だけで完結する。小松宮家より一層〈洋風〉化が進んだ構成である。ただし、計画段階の図面と明治三〇年代の図面を比べると、和館の西側に三棟の和館が増築されている。有栖川宮邸では、明治二〇年五月七日に明治天皇、翌日に皇太后の行幸・行啓を迎えており、この際「日本館」「広座敷」と呼ぶ建物が用いられていて（『熾仁親王日記』）、三棟の和館のいずれかがこれに当たるとみられる。この二年前の明治一八年一二月の行幸では〈洋風〉の本館一階の「踏舞室」で能を催していることから考えると、当初は表向も奥向も洋館で完結したものの、明治一八から二〇年の間に接客用、つまり表向の和館を増築したことになる。

いっぽう、北白川宮邸は、有栖川宮家同様、洋館の一階に接客空間、二階に私的空間を置くが、二階のうち五室が「和室」である点を特徴とする。和館は、臣下や侍女用の部屋が中心だが、姫宮の居室と客間も設けられた。

残る伏見宮家は、洋館に先だって和館が建てられた点が他と異なり、洋館の完成は明治二四年とやや遅れる。洋館が建つまでは和館のみで成立していたため和館の規模が大きく、当主や若宮の御座所・寝室が洋館と和館の両方にある。これに、木造の洋館とみられる事務所棟が付随する。

これら明治一〇から二〇年代に建てられた四つの宮家の本邸に共通するのは、いずれも〈洋風〉建築を前面に出す配置をとる点だ。有栖川宮家の場合、当主と若宮の生活空間はすべて洋館にあり、事務所棟も洋館（擬洋風）で、和館は当初部分も増築も二棟の洋館の背後に置かれ、表門からは洋館しか見えない。小松宮家と伏見宮家は、どちらも奥向部分が和館だが、やはり表門側から見えないよう洋館の事務所棟の後方に置いている。北白川宮家のみ事務所棟が和館で、洋館に並んで和館が見えるが、洋館が主体であることに変わりはない。

この明治前半の本邸のコンセプトは、「〈洋風〉にみせたい」という一言に集約する。宮家は、一般に「〈洋風〉化の手本」といわれるが、この本邸の姿はまさにそれを体現したといえるだろう。

ところが、これら四家が明治三〇年代以降に建設した本邸は、まったく姿が異なる。

建築様式の〈和風〉回帰

有栖川宮家の明治三六年建設の本邸は、麴町《こうじまち》に敷地を移して建てられた。平面は不明だが、正門正面に洋館と和館が並ぶ配置が古写真から確認でき、和館は「御座所」と呼ばれる奥向の建物だった。また、明治二八年完成の小松宮邸も、図面はないものの、彰仁親王が没して東伏見宮家に譲られた後、明治四〇年の『婦人画報』に写真が掲載されている。広い庭園に面して建つ外観は入母屋造《いりもやづくり》の〈和風〉で、かつ内部も表向の対面所・食堂・葡萄《ぶどう》の間・菊の間、奥向の当主や妃の御居間など、写真が残る部分はすべて長押《なげし》を廻し、襖《ふすま》や障子を立てた〈和風〉の意匠である。食堂と菊の間は、マントルピースを備え、壁や建具に模様入りの織物を張るなど、明治宮殿の表宮殿と同様〈洋風〉の手法が混在するが、柱と長押が見える点ではやはり〈和風〉といえるだろう。『婦人画報』は、作家国木田独歩《くにきだどっぽ》が明治三八年に創刊した女性向け月刊誌で、写真図版を取り入れた視覚に訴える誌面で読者を獲得した。こうした雑誌に宮家の本邸の写真が掲載されたことは、その住まいや生活が人びとに憧れをもって見られていたことを示す。

図69　伏見宮邸（昭和4年完成，『宮家の時代』より）

昭和四年完成の伏見宮邸もまた、『婦人画報』に写真が掲載された。背の高い入母屋屋根の二階建ての和館が中心で、宮内省内匠寮の設計である。工事途中の雑誌記事によると、内匠寮のトップである内匠頭東久世秀雄が差し出した〈洋風〉の設計案をみて、当主博恭《ひろやす》王が「事務所ならば洋式建築、住まひならば純日本式の建物に限る」と答えたことから、「総檜造りの古風な宮殿」になったという（『国際建築』昭和四年八月号）。洋館も併存したが「臣下の事務其の他の用」に用いる事務所棟で、和館の規模が約八〇〇坪であるのに対し、洋館は二〇〇坪ほどしかない。宮家の生活空間は、表向・奥向ともすべて和館だったことになる。

明治四五年建設の北白川宮邸は、最初の本邸と同様和館と洋館からなり、やはり洋館は接客空間と当主の生活の場、和館は妃や姫宮、先代能久《よしひさ》親王妃の

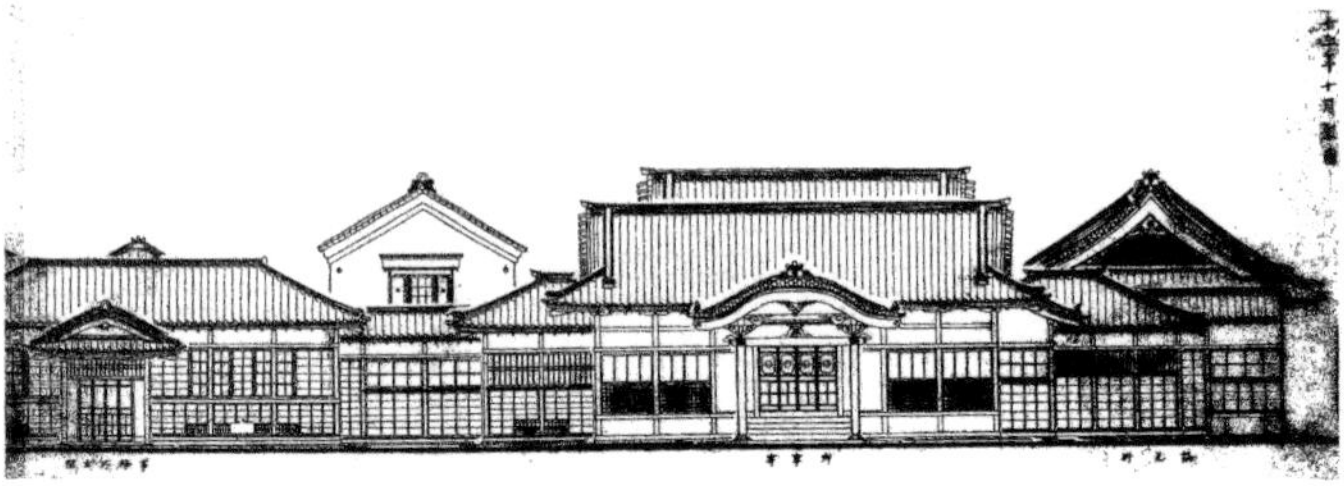

（明治45年，都立中央図書館木子文庫蔵）

生活の場である。設計は、宮内省内匠寮の木子《きこ》幸三郎で、洋館・和館とも、パースや立面図など緻密な図面が残されている。洋館は、高いマンサード屋根や塔屋など、隣りの敷地で同時期に建てられた竹田宮邸の洋館（現・高輪プリンスホテル貴賓館）とよく似た意匠で、表門から入ると有栖川宮家同様、洋館と和館が左右にきれいに並んで見える。最初の本邸と異なるのは、洋館は約二〇〇坪、和館は約七〇〇坪と、和館の方が圧倒的に大きい点で、しかも和館には私的な部屋だけではなく謁見所も置かれ、正式な入口である御車寄《おくるまよせ》も設けられた。謁見所の内部空間は、太い柱や長押、桟の細かな欄間《らんま》、梅を描いた障壁画など、古風といってよいほど堅い〈和風〉意匠で、表向は洋館、奥向は和館という区分が緩んだことがわかる。

　このように、明治初期に洋館を率先して建設した四つの宮家は、二度目の本邸建設ではいずれも一転して和館に傾倒し、しかも洋館は表向、和館は奥向という原則も崩して、表向にも和館を用いている。また、和館を明治前期のように隠すのではな

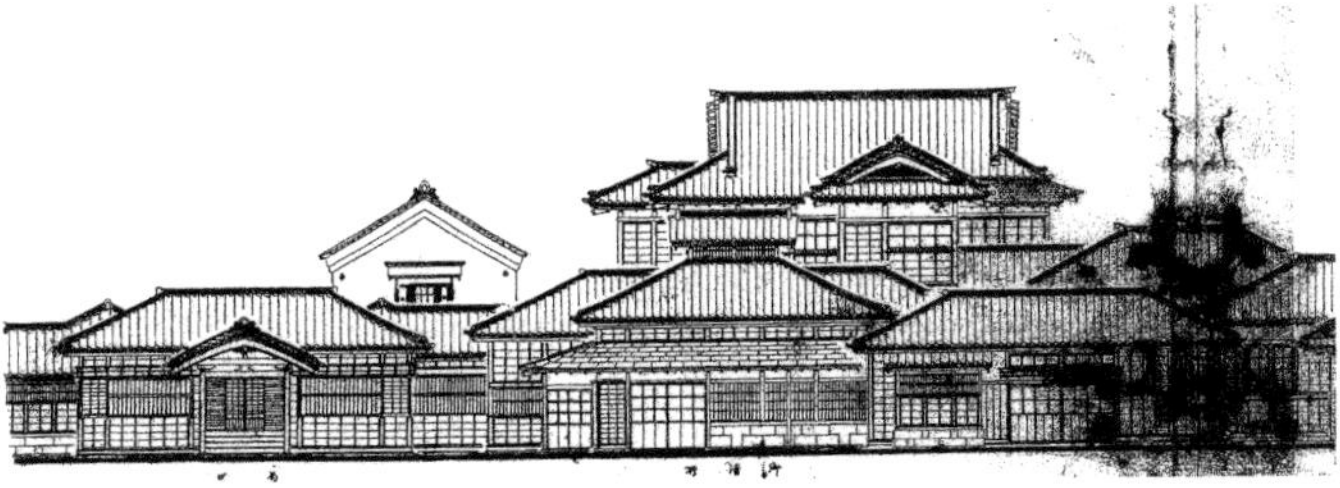

図70　北白川宮邸和館立面図

く、堂々と正面からみえる位置に配することも大きな変化である。

この傾向は、同時期に建てられた他の宮家にも共通する。

北白川宮邸の隣りの竹田宮邸は、元の高輪南御用邸の敷地を他の二家と分割する際、建設中の御用邸の建物を一緒に賜った。明治四三年に完成したこの本邸には、現在残る洋館（高輪プリンスホテル貴賓館）とは別に、かつては和館も存在した。これもまた洋館より和館が大きく、洋館に当主の御座所や学問所、寝室を置く反面、和館にも御座所や表書院など表向の部分を置いて御車寄を設ける。洋館と和館が表門に面して仲良く並ぶ点も、北白川宮邸と双子のようによく似ている。

明治四三年完成の梨本宮邸も内匠寮の設計で、技師木子幸三郎が顧問、技手中里清五郎が工事主任を務めた。総坪数七八五坪というこれも広大な御殿で、竹田宮邸や北白川宮邸が洋館・和館を横に併置するのに対し、奥に長い配置を採る。このうち表御殿は、京都にあった幕末建造の旧本邸を移築して用いたといい、これ以外の食堂や客間、御座所・寝室などもすべて和館で、事務所棟のみ既存の木造洋館を用いている。伏見宮邸と近い構成である。

皇族本邸は、明治前期の「〈洋風〉にみせる」という方針から、明治後期には「〈和風〉にみせる」方向へ、一八〇度転換したといえる。

洋館を隠す邸宅

そのさらに進んだ姿として、大正八年竣工の久邇宮邸に注目したい。

久邇宮家は、先にみたように東京への移住が遅く、かつ当初は既存の邸宅を転用していたから、この大正八年竣工の邸宅が初めて新築した本邸である。大正五年二月、当時御料地だった渋谷町宮代（現在の広尾）に二万二〇〇〇坪という広大な屋敷地を得て、宮家の造営課の設計により大正六年三月に起工、同年九月に上棟、大正八年五月に竣工して当主や家族が移った。そのひとり、長女の良子《ながこ》女王が、後の昭和天皇皇后である。良子女王が東宮裕仁《ひろひと》親王の妃に内定したのは大正七年一月で、本邸はその翌年に完成している。おそらく着工時には、すでに良子女王が東宮妃候補に上がっていたのだろう。

この邸宅は、洋館と和館が存在したが、竣工後まもない大正八年一二月に洋館が焼失し、その代わりに今度は御常御殿《おつねごてん》という名の和館を、森山松之助の設計で大正一一年から一三年にかけて建設している。再建した建物が「御常御殿」、すなわち日常生活のための御殿であるからには、最初に建てられた洋館も生活空間である奥向だったことになる。つまり久邇宮邸は、和館が表向、洋館が奥向という従来とは逆の構成だったのである。

この創建当初の姿は、当時の青焼図面（著者蔵）にみることができる。図面には、「日本館」と「西洋館」が別々に描かれているが、御車寄を持つ広大な和館の後方に「西洋館取合」と書かれた廊下があり、洋館は日本館の背後に接続する。しかも洋館は、一・二階とも当主や妃、若宮の寝室・御居間など奥向の部屋ばかりで、表向の大食堂・大客間・拝謁の間などはみな和館にある。この久邇宮家の敷地は、現在聖心女子大学になっており、洋館焼失後に建てられた御常御殿と「謁見の間」と呼ばれる建物（パレスと総称）、御車寄が現存する。図面と照らし合わせると、「謁見の間」は「小食堂」と呼ばれる建物に該当し、かつては和館と洋館の接続部分に位置した。和館側には姫宮の御居間が隣接するから、奥向のちょうど中心に当たり、大食堂が極めて公的な用途であるのに対し、この小食堂は家族の生活空間の要として日常の食事や団らんに用いられたのだろう。現存するパレスの内部空間は、主室が折上格天井《おりあげごうてんじょう》、次の間が格天井で、蟻壁《ありかべ》（天井際の塗籠の小壁）を廻すなど奥向にしては少々厳《いか》めしいが、格縁を吹寄《ふきよせ》にし、襖に百合や柿など花木を描いて和らげる。かつて隣接した姫宮御居間が良子女王の居室で、大正一三年一月、良子女王は新しい御常御殿の完成を見ず、現在も残る唐破風《からはふ》の御車寄から東宮に嫁いだのである。

久邇宮邸は、表向が〈和風〉、奥向が〈洋風〉という使い分けも、〈和風〉を前面に置い

図71　久邇宮邸（現・聖心女子大学パレス）

て〈洋風〉を隠すという配置も、明治前期とは完全に逆転し、御常御殿の再建後はさらに〈和風〉のみの姿に進んだといえる。この久邇宮邸を筆頭に、明治三〇年代以降のいわば第二期に建設された本邸は、明治前期に比べて「〈和風〉を前面に出す」という意識が強い。もちろんこの後にも、朝香宮邸のように本格的なアール・デコ様式の洋館中心の住宅も存在する。また、秩父宮・高松宮・三笠宮の直宮《じきみや》三家や李王家の本邸は、いずれも昭和初期に宮内省内匠寮の手で設計され、ほぼ洋館一棟で構成する極めて近い平面・外観を持つ。その類似性の高さは、宮家の本邸に一定のプロトタイプ（定型）が用意されていたことを窺わせる。ただし注意したいのは、朝香宮家はパ

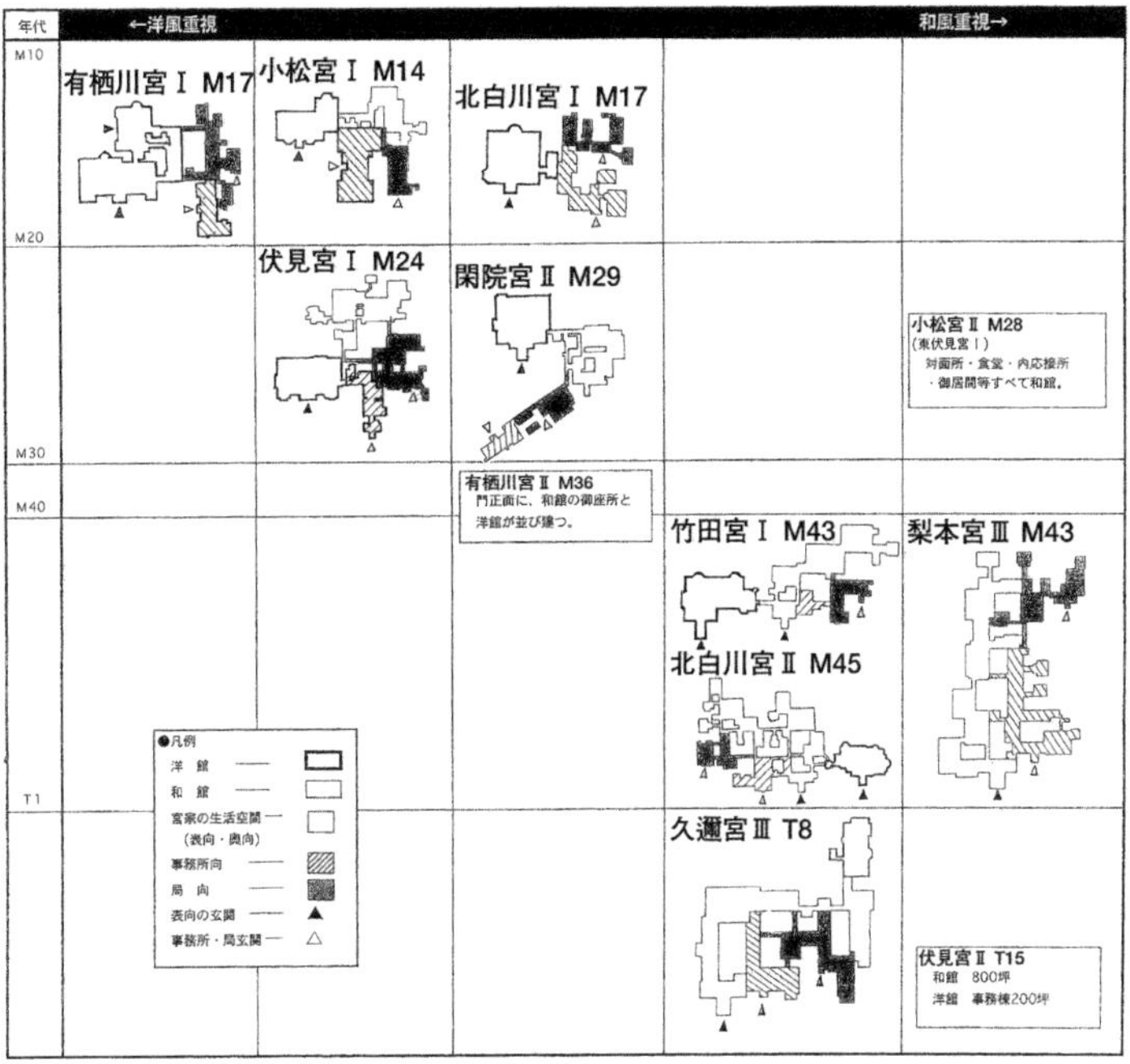

図72　皇族本邸の平面の変化

リ留学という背景から、当時の宮家本邸の標準を大幅に超えた建設費用をかけた特殊な例であったこと、また秩父宮邸など直宮三家の類似性が高いことと同様、同じ宮内省内匠寮による竹田宮邸や北白川宮邸、前章でみた旧東宮御所の和館計画案もまた平面や意匠がよく共通することだ。つまり、明治後期から昭和期には、この両方のプロトタイプが併存し、かつ天皇の最近親者である直宮や、李王家など特別な身分の家のみが洋館中心の構成を選択し、他は〈和風〉を主とする構成を選択したことになる。

皇族は、建築様式をみる限り、明治前期にいったんは選択した〈洋風〉化路線を捨て、明治後期以降にあらためて〈和風〉を積極的に選択したといえるのである。

ところで、こうした建築様式の変化に対し、生活様式としての〈和風〉〈洋風〉はどうだろうか。

生活様式の〈和風〉〈洋風〉

生活様式の違いは、室内の床仕上げに反映し、〈和風〉すなわち床に直接坐る床座の場合は畳敷き、〈洋風〉すなわち椅子やテーブルを用いて生活する椅子座の場合は絨毯敷きや寄木張りが選択される。現代の住宅で、外観にかかわらず内部に畳敷きやフローリングの部屋があるように、近代以降の住宅の場合、和館の内部だから床座、洋館の内部だから椅子座とは単純にいえないところが面倒で、図面か写真で床仕上げがわからない限り、生活様式は判別できない。前章でみた御用邸も、〈和風〉の外観にもかかわらず、内部には畳敷きも、その上に絨毯を敷くものも、寄木張りも存在したことを思い出してほしい。

明治前期の四つの宮家の本邸に戻ってみてみよう。

J・コンドル設計の北白川宮邸は、当主や家族の生活空間はすべて洋館にあるものの、奥向である二階はほとんどの部屋が図面に「和室」と記される。つまり、洋館の内部でありながら、ここは畳敷きすなわち床座だったようで、一階など記入のない他の部分は椅子座の可能性が高い。いっぽう、やはりコンドル設計の有栖川宮邸は、北白川宮邸同様、当主や家族の生活はすべて洋館で行うが、図面ではこの内部に「和室」という記載も、畳敷きと判断できる部屋も存在しない。古写真でも、客間や会食堂など表向の部屋が椅子座だったことが確認できる。また、小松宮邸の場合、図面をみると少なくとも和館内部はすべて畳敷きで、ここに当主の御座所も置かれた。残る伏見宮邸は、先に見た通り和館にも洋館にも当主と妃の御座所が存在するから、両者を椅子座と床座で区別していたようだ。つまり、生活様式だけをみれば、有栖川宮家を除き、表向は椅子座すなわち〈洋風〉、奥向は床座すなわち〈和風〉だったといえる。

では、明治後期の第二期に建てられた本邸はどうだろう。この時期は、図面により詳細がわかる例が多い。たとえば梨本宮邸は、事務所向以外すべて和館だが、内部は、食堂・

謁見所などは寄木張りか絨毯敷きで椅子座、奥向の当主や妃の居間・寝室は畳敷きで床座である。また、事務所向は帆木綿を用いた椅子座だった。守正《もりまさ》王の妃・伊都子《いつこ》は、京都から移築した表御殿について、「京都では畳の部屋でしたが、東京に運んで建てた時には、外人が靴で上がれるようにと厚い檜の床、その上にペルシャ絨毯を敷きました」と述べている（『三代の天皇と私』）。この表御殿は、上々段・上段・中段・下段に分かれ、上々段は折上の鏡天井、上段は折上格天井、襖に金地極彩色の障壁画を描く正統的な書院造で、古写真では床《とこ》・違棚に帳台構まで備えた格の高い造作と、絨毯を敷き椅子を置く姿が確認できる。ここが梨本宮家の正式な謁見の間だった。

同様に、久邇宮邸は、先の図面によれば表向では和館ながら寄木張りや絨毯が用いられる。和館のうち畳敷きなのは表向では御書院二室のみで、他は姫宮御居間や女中部屋・食堂など女性の生活空間である。現存する小食堂も床は寄木張りで、同様に大正一三年建設の御常御殿も、二階の当主の書斎と内謁見所は寄木張りだが、妃の書斎や二つの寝室・御居間・御化粧間はすべて畳敷きだった。

他の宮家も同様である。明治二八年建築の小松宮邸は、表向の対面所・食堂・葡萄の間・菊の間は寄木張り、奥向の当主や妃の御居間は畳敷きだったことが古写真で確認できる。明治四五年完成の北白川宮邸も、和館のうち最も公的な謁見所のみ寄木張りとする。

図73　北白川宮邸和館謁見所（都立中央図書館木子文庫蔵）

梨本宮邸でみたような、長押を打ち、床・棚を備え、障子や襖が立つ〈和風〉の空間の、床を寄木張りや絨毯で仕上げ、椅子とテーブルを置くという、現代からみると不思議な姿がほとんどの宮家に存在する。

このように、明治後期以降の皇族本邸では、表向では外観や室内の意匠にかかわらず一貫して椅子座が採用され、同様に事務所もリノリユームや帆木綿などの椅子座の仕上げだった。いっぽう奥向は、妃の居間や寝所など女性の使用する空間は例外なく畳敷きで、当主の御座所は床座か、または床座と椅子座の両方を設ける。当主の書斎がいずれも寄木張りの椅子座なのは、この部屋が東宮御所の御学問所と同様、執務を行う公的な空間であることを意味している。

すなわち皇族本邸では、椅子座・床座という生活様式に限定すれば、表向と事務所向は〈洋風〉、奥向と女官が暮らす局向は〈和風〉という図式を、明治前期から一貫して踏襲したといえる。

〈和風〉〈洋風〉の使い分け

あらためて、皇族本邸の変化をまとめてみよう。

まず、建築様式は、明治前期には表向・奥向をすべて〈洋風〉とするか、または奥向のみ〈和風〉とする二種があり、事務所は〈洋風〉、局は〈和風〉で一貫し、〈洋風〉を前面に出し、〈和風〉を背後に隠す配置が採られた。この路線は、そのまま進むと〈和風〉が消滅し、〈洋風〉が拡大するはずだったが、実際には明治後期には表向に〈和風〉が用いられ、〈和風〉を隠さず前面に出す構成が一気に増加して、〈洋風〉重視から〈和風〉を強調する方向へ転換した。

その一方、椅子座・床座という生活様式は、「公的＝〈洋風〉」「私的＝〈和風〉」という図式が、明治前期からほぼ一貫して踏襲された。つまり皇族本邸は、年代が下がるにつれて、建築様式は〈洋風〉から〈和風〉へと転換したにもかかわらず、生活様式は「公＝〈洋風〉」「私＝〈和風〉」という使い分けを守り続けたといえる。

この「公＝〈洋風〉」「私＝〈和風〉」という使い分けは、まさに近代日本における〈洋風〉住宅導入当初のセオリーそのものである。とくに、明治前期の「和洋併置型住宅」では、洋館は接客など公的な場、和館は日常生活の場に用いられ、和館では在来の生活様式、すなわち床座が踏襲され、洋館では椅子座が導入されて、日常的には江戸時代以来の生活を変えることなく、権力・財力を示すステイタスシンボルとして洋館は建てられたとされる。

『明治工業史 建築編』によると、日本人で最初に「西洋風」の住宅を建てたのは元福岡藩主黒田長溥《ながひろ》で、明治四年の着工、同七年の竣工とされ、もちろん和館を併設する。この黒田邸は、完成した翌年に明治天皇の行幸を迎え、またやはり洋館の早い例として知られる元長州藩主毛利元徳《もとのり》の邸宅も、明治六年の洋館完成後に明治天皇の行幸があった。つまり華族の間では、当時すでに洋館こそが天皇を迎える接客空間、すなわち最も公的な空間と認知されていたことがわかる。

皇族本邸の生活様式にみる〈和風〉〈洋風〉の使い分けは、この和洋併置型住宅の使い分けの原則に沿うものであり、時代が下がっても変わらない。ただし、建築様式については、当初は生活様式と合わせて「公＝〈洋風〉」「私＝〈和風〉」としながらも、明治後期以降その関係が逆転し、ステイタスシンボルとして価値が〈洋風〉から〈和風〉へと移っている。生活様式での〈和風〉〈洋風〉の原則は守りつつ、外観だけはまったく逆転したことになる。

このように〈和風〉の住宅で椅子座が用いられる場合、しばしば「〈和風〉住宅の内部に〈洋風〉の生活様式を導入した」と説明されてきた。しかし、これは建築様式としての〈和風〉〈洋風〉と、生活様式としての〈和風〉〈洋風〉は一致するものとの前提に立った話であり、かつ建築様式を中心に置いた考えだろう。しかし皇族本邸の場合、生活様式には変化がないから、むしろ生活様式を中心として表現するならば、「〈洋風〉の生活様式を包む建築様式として〈和風〉を導入した」と言い換えることができる。

皇族にとって建築様式と生活様式はまったく別のものであり、中身の生活はそのままで、ちょうど服を脱ぎ捨てるように、生活を包み込む意匠だけを〈洋風〉から〈和風〉に着替えたといえる。中身の機能や性格は同じだからこそ、周りを何で包むのか、〈洋風〉で包むか、〈和風〉で包むか、その違いが周囲に対する主張として重要な意味を持つ。

皇族本邸における意匠の〈和風〉回帰は、身分表象としての〈和風〉の確立といえるのである。

〈和風〉の誕生——エピローグ

ここまで、さまざまな皇族の住まいを通観してきた。

そこに共通するのは、〈和風〉が常に〈洋風〉との対比の一方として捉えられ、意図的に使い分けられてきたという点だ。

皇族の住まいと〈和風〉〈洋風〉

皇族本邸の場合、前章でみた通り、生活様式では「公的＝〈洋風〉」「私的＝〈和風〉」という図式を踏襲しながらも、その周囲を覆う建築様式は、年代が下がるにつれて〈洋風〉から〈和風〉へと転換した。この生活様式と建築様式での〈和風〉〈洋風〉の使い分けの「ずれ」は、天皇家の住宅である明治宮殿や御用邸、東宮御所でも存在する。ただし天皇家の場合、生活様式では、公的空間だけではなく、天皇（東宮）のごく私的な空間でも〈洋風〉の椅子座が用いられ、皇族本邸より〈洋風〉の採用範囲が広い。いっぽう、建築様式では、明治二〇年代に完成した明治宮殿や御用邸ですでに公私ともに〈和風〉を主体とし、東宮御所のような〈洋風〉建築でも、公的空間にのみ〈和風〉の意匠が加味された。明治宮殿と東宮御所の外観の差は、一見〈和風〉から〈洋風〉への再転換という皇族たちと逆の動きにみえながら、実は天皇（東宮）の身分を表す意匠として〈和風〉を選び続けたこと、〈和風〉の表現方法の幅が広がったことを示している。

もうひとつ共通するのは、この〈和風〉は近代に「創造」されたものだという点だ。皇族の住まいにみる〈和風〉は、直前の時代である近世の意匠をただ単純に継承したわけではない。明治宮殿では、そのデザインソースは古代まで遡り、東大寺正倉院や厳島《いつくしま》神社の宝物の文様から装飾のモチーフを選択し、新たなリバイバルデザインを生み出した。東宮御所では、日本の武士像や武具を細部装飾のテーマとし、儀礼空間での「日本の力」を表現した。行在所《あんざいしょ》の場合、天皇を迎える人々は、神社や御所のかたちや室礼《しつらい》を模倣することで、天皇の「仮の住まい」という格を示そうとした。同じ天皇（東宮）が用いる建物でありながら、意匠の典拠はそれぞれに異なる。それぞれが、表現したいメッセージにふさわしい時代や意匠をモチーフとして選択し、近代にふさわしい〈和風〉を創造したのである。

もちろん〈和風〉には、従来考えられてきたように、近世をそのまま継承する例も存在する。たとえば民家など庶民住宅の場合、幕末と明治で技術的な変化はあっても、その「意匠」に大きな相違はなく、綿々と近世以来の意匠を使い続ける。

リバイバルとしての〈和風〉、サバイバルとしての〈和風〉

こうした近代の〈和風〉建築について初田亨氏は、近世以来の伝統的建築を維持し後世に伝える「伝統の継承」型と、近代の新たな建築用途や構造と組み合わせて新しい様式を作ろうとする「和風の構築」型が併存すること、つまり近代の〈和風〉には近世から連続するものと、近代に新しく確立したものがあると指摘した（『近代和風—伝統を超えた世界—』）。また鈴木博之氏は、近代ヨーロッパにおけるゴシック・リバイバルなど古典復興を例に、過去の様式をある意図を持って選択し、新しい建築を作ることを「リバイバル」、古い様式がただ残った状態を「サバイバル」と分類した（「日本における近世・近代の建築観」二〇〇三年度日本建築学会大会研究協議会）。つまり、初田亨氏の分類した〈和風〉のうち、「伝統の継承」型は「サバイバルとしての〈和風〉」、「和風の構築」型は「リバイバルとしての〈和風〉」といえる。

この定義に当てはめて近代の住宅全体をみると、皇族にとっての〈和風〉の特徴がより鮮明になる。近代住宅において〈和風〉と〈洋風〉は、上流階級への〈洋風〉住宅導入当初、〈和風〉と〈洋風〉を別棟で併置する形式を採ったが、明治中期以降〈洋風〉部分の規模を縮小して中流階級に普及し、徐々に〈洋風〉の棟に〈和風〉が飲み込まれて、洋館の中に和室が存在する形式が誕生したと説明されている。この変化は、中流住宅を中心に論じられたものだが、〈洋風〉の外観の中に和室と洋室が混在する現代へつながる、日本住宅の大きな流れのひとつであり、ここでは〈和風〉は「近世から連続するもの」「〈洋風〉との共存の中で次第に消えていくもの」と捉えられている。つまり、中流階級にとって〈和風〉は、〈洋風〉化を目指す動きの中で、近世以来の生活を踏襲するものだったといえる。

しかし、皇族にとっての〈和風〉は、近世から単純に続くものではなく、いったんは〈洋風〉化を歩んだ上で、改めて意識的に選択した様式である。先の分類にしたがえば、中流階級にとっての〈和風〉は「サバイバルとしての〈和風〉」、皇族にとっての〈和風〉は「リバイバルとしての〈和風〉」といえるだろう。近代以降の日本住宅には、一見形は似ていても、成立過程や意味が異なる二つの〈和風〉が混在したのである。

この二つの〈和風〉のその後の変容にも注目したい。「サバイバルとしての〈和風〉」つまり中流階級にとって〈和風〉は、住宅の近代化の中で最終的には〈洋風〉の中に飲み込まれていくのに対し、「リバイバルとしての〈和風〉」つまり皇族にとっての〈和風〉は、少なくとも戦前期まで積極的に採用され、他の上層住宅にも影響を与えた。とすれば、近世から存続した〈和風〉は次第に消滅し、むしろ近代に生み出された〈和風〉がその後に生き残ったことになる。つまり、現在私たちがみる〈和風〉は、近代に創り出された形といえるのだ。

〈和風〉は「伝統の継承」といわれることが多い。しかし、実際には過去の姿をただ「継承」したわけではなく、皇族にとって〈和風〉は近代に「演出」したもの、「創造」したものである。この近代に創出された「伝統の形」こそが、現在の〈和風〉に継承されているのである。

表象としての〈和風〉

ところで、二〇世紀の機能主義の思想に代表されるように、私たちは通常、建築とは機能のあるもの、構造によって支えられるものであり、機能と構造と意匠が三位一体で建築は成立すると考えている。特に日本の近世以前の住宅の場合、木造で、かつ柱と梁《はり》で支える構造だからこそ、柱や鴨居《かもい》、長押《なげし》などが縦横に走る独特の意匠が生まれたし、畳は床に坐るという機能から生まれた床《ゆか》仕上げである。構造が意匠を決定する大きな要因であると同時に、機能が意匠にも強く影響している。このため、近代の住宅を見る場合もこの延長上で考えがちである。

しかし、皇族本邸の場合、生活様式はそのままで、ちょうど服を脱ぎ捨てるように、生活を包み込む意匠だけを〈洋風〉から〈和風〉へ取り替えたのは先述の通りである。この例をみる限り、骨も肉もある建築というよりむしろ、意匠だけを剝ぎ取って独立させた感がある。もっと乱暴な言い方をすれば、近世の建築を意匠・構造・生活様式のそれぞれに解体し、別々の要素として扱ったとみることができる。これは、〈和風〉という意匠のみを単独で、全く異なる構造や建築に貼り付けることが可能になったことを示唆する。

たとえば東宮御所では、建物の内部と外部を〈洋風〉でつくり、〈和風〉の装飾を付加した。建築様式としての〈和風〉は、内部とは無関係に自由に着せ替えることができる、一枚の包装紙と同じ存在であって、東宮御所と明治宮殿の差は、ただ装飾が小さく、部分的に貼り付けるという方法の相違にすぎない。さらに、明治後期の嘉仁《よしひと》親王巡啓における行在所では、その建物の建築様式が〈和風〉か〈洋風〉にかかわらず、金屛風と椅子とテーブルによる室礼がなされ、七宝文に鳳凰《ほうおう》牡丹《ぼたん》というテーブル掛の文様が皇室の表象として定型化した。

明治宮殿や皇族本邸のような建物全体の〈和風〉意匠から、東宮御所のような〈和風〉の細部装飾へ、さらには行在所にみるたった一枚のテーブル掛の〈和風〉文様へ。面積がどんどん小さくなっても、表象としての強いメッセージを持っている。これは、〈和風〉という意匠が真に「様式」として確立し、認知された証と捉えることができるだろう。

皇族の住まいにみる〈和風〉は、近代に誕生した、近代独自の建築様式であり、自らの身分を示す表象として、意思を持って選択した様式なのである。

あとがき

本書は、二〇〇四年七月に住宅総合研究財団の主催で行われたシンポジウム「和風の誕生―視覚化された日本―」での講演と、その委託論文をもとに、複数の共同研究の成果を加えて、新たに書き下ろしたものである。

本来近世住宅史を専門とする私が、近代の皇族住宅に引き込まれたきっかけは、関東学院大学の水沼淑子先生から、湘南地域を中心とする皇族別荘の共同研究「近代における皇族別荘の立地・沿革及び建築・使い方に関する研究」（住宅総合研究財団二〇〇〇年度研究助成。研究代表者・水沼淑子）にお誘いいただいたことである。当時の私は、博士号は取ったものの、恩師・西和夫先生をはじめとする近世住宅史の分厚い研究実績を前に、いったいこれから何ができるだろうと途方にくれていた時期で、水沼先生のお誘いに二つ返事で飛びついた。実際に調査を開始して近代の皇族住宅をみたとき、それまで持っていた近世住宅の常識と最も違和感があったのは、実は、いかにも近代らしい〈洋風〉の部分ではなく、本当は近世と直結しているはずの〈和風〉の部分だった。長押が廻る正統的な「和室」の畳の上に絨毯を敷き詰め、椅子を置く。まるで無節操にもみえるのに、意匠はむしろ古風なほど堅い。このとき抱いたギャップが、近代の「和風」の意味を考える契機になった。

その過程で思い出したのが、本書でも取り上げた秋田県・奈良家住宅内の北野御小休所である。北野御小休所は、明治一四年の明治天皇巡幸の際の休憩所として作られた建物で、まだ二〇代の頃、その由緒を知らずに見学し、規模は小さいくせにあくどいほどに高さや細部意匠を強調した姿が、強烈な印象として残っていた。同じ天皇・皇族に関わる建物としてあらためて意識し、その「異形」の正体こそ皇室にとっての「和風」の存在意義だと考え、「明治期における巡幸施設の建築様式と使い方に関する研究」（住宅総合研究財団二〇〇二年度研究助成。研究代表者・小沢朝江）と題して再度水沼先生と共同研究を組み、行在所の遺構を追い求めて、東北から九州まで調査に駆け回った。さらに、明治宮殿や東宮御所（現・迎賓館赤坂離宮）を含む、近世・近代の皇室の女性用の空間の特質をテーマとした「女性のための建築とその内部空間に関する史的研究」（文部省科学研究費補助金基盤研究（C）、二〇〇二～二〇〇四年度。研究代表者・小沢朝江）でも共同研究は続いている。

したがって、本書の内容の多くが水沼先生との共有の成果であることをお断りするとともに、かけがえのないパートナーである水沼先生に厚く御礼を申し上げたい。

研究にあたり、共同研究のメンバーである池田忍さん（千葉大学）・亀井若菜さん（学習院大学）・恵美千鶴子さん（東京国立博物館）・赤澤真理さん（国文学研究資料館）、一緒に共同研究をするはずだった故千野香織先生、冒頭のシンポジウムの企画者であり、パネラーに推薦くださった波多野純先生（日本工業大学）など、ほかにも多くの方々にご協力いただいた。また、本書には、小林久美子さん・山田麻衣さん（「迎賓館赤坂離宮の装飾に関する研究」、二〇〇三年度）、塚本涼子さん・森内利枝さん（「住居としてみた東宮御所の各室の機能と性格」二〇〇四年度）、山崎和哉さん（「震災復興期における公共建築の貴賓室の室内装飾」二〇〇四年度）、福原孝敏さん（「沼津御用邸に見る御用邸建築の特徴について」二〇〇四年度）など、東海大学のゼミの学生の卒業研究の成果が多く活かされている。本書の挿図についてお世話になった東海大学大学院博士課程の長田城治さんと合わせ、ここに記して感謝したい。

本書は、前著『日本住居史』の執筆中に編集部からお話をいただき、四年近くを経てやっと刊行に至ったものである。前著から続けてお世話になった一寸木紀夫さんには、またまた遅筆でご迷惑をおかけすることになってしまった。懲りずにおつきあいいただいた一寸木さんと、編集をご担当いただいた阿部幸子さんに深くお詫びと御礼を申し上げたい。

最後に、いつも自転車操業の私を見守り続けてくれる夫、朗に心から感謝したい。ありがとう。

二〇〇八年九月

小沢朝江

参考文献

青木信夫「日本近代における皇族・華族邸宅の成立と展開に関する歴史的研究」東京大学大学院博士論文、一九九六年
今井佳代「明治期における武士像と国民国家の形成」千葉大学文学部史学科卒業論文、一九九九年
内田青蔵『日本の近代住宅』鹿島出版会、一九九二年
内田青蔵・大川三雄・藤谷陽悦『図説近代日本住宅史』鹿島出版会、二〇〇一年
恵美千鶴子「明治宮殿の内部装飾─常御殿の襖・張付画を中心に」第五八回美術史学会全国大会、二〇〇五年
恵美千鶴子「明治宮殿の内部装飾─天皇・皇后常御殿を中心に」『女性のための建築とその内部空間に関する史的研究』（研究代表者・小沢朝江）平成一四年度～一六年度科学研究費補助金研究成果報告書、二〇〇五年
太田博太郎他『住宅近代史』雄山閣出版、一九六九年
小沢朝江・水沼淑子「明治期における巡幸施設の建築様式と使い方に関する研究─皇室にみる洋風から和風への回帰とその背景」住宅総合研究財団研究年報二九号、二〇〇三年
小沢朝江「和風の成立─近代皇族邸宅を通してみた近世との連続と断絶」住宅総合研究財団研究年報三一号、二〇〇五年

小野木重勝『明治洋風宮廷建築』相模書房、一九八三年
小野木重勝『近代和風宮廷建築における和洋折衷技法に関する研究』文部省科学研究費補助金成果報告書、一九八八年
大川三雄「和風大邸宅に見る近代の諸相」『月刊文化財』四五七号、二〇〇一年一〇月
鹿島　茂『宮家の時代』朝日新聞社、二〇〇六年
片野真佐子『皇后の近代』講談社選書メチエ、二〇〇三年
児島由美子「赤坂離宮の室内装飾の調達・製作実態」日本建築学会計画系論文集六〇三号、二〇〇六年五月
佐藤道信『明治国家と近代美術―美の政治学』吉川弘文館、一九九九年
鈴木博之『日本の近代10　都市へ』中央公論新社、一九九九年
鈴木博之監修『皇室建築―内匠寮の人と作品』建築画報社、二〇〇五年
菅崎千秋「東宮御所（赤坂離宮・現迎賓館）室内装飾研究」学習院大学文学部哲学科卒業論文、二〇〇一年
鈴木博之『東京の地霊』文芸春秋、一九九〇年
関　千代「皇居杉戸絵について」『皇居杉戸絵』京都書院、一九八二年
高木博志『近代天皇制の文化史的研究』校倉書房、一九九七年
高橋昌明「常識的貴族像・武士像の創出過程―中世後期から明治国家期まで」『歴史と方法1　日本史における公と私』青木書店、一九九六年

高梨炳編『葉山町郷土史』葉山町、一九七五年
多木浩二『天皇の肖像』岩波新書、一九八八年
中山和芳『ミカドの外交儀礼―明治天皇の時代』朝日新聞社、二〇〇七年
中村圭介『文明開化と明治の住まい―暮らしとインテリアの近代史（上）』理工学社、二〇〇〇年
中村光彦・浅羽秀男・河東義之他「紀伊徳川家江戸中屋敷の旧日光田母沢御用邸への移築について」日本建築学会計画系論文集五四二号、二〇〇一年四月
西　和夫『江戸建築と本途帳』鹿島出版会、一九七四年
原　武史『大正天皇』朝日新聞社、二〇〇〇年
原　武史『可視化された帝国―近代日本の行幸啓』みすず書房、二〇〇一年
初田　亨『近代和風建築』鹿島出版会、一九八八年
初田　亨・大川三雄・藤谷陽悦『近代和風―伝統を超えた世界』建築資料研究社、一九八九年
藤岡通夫『京都御所〔新訂〕』中央公論美術出版、一九八七年
船越幹央「泉布観と明治天皇―聖なる空間の室内装飾」『テキスタイルアート一〇〇』川島織物文化館、一九九四年
古川隆久『大正天皇』吉川弘文館、二〇〇七年
水沼淑子・加藤仁美・小沢朝江「近代における皇族別荘の立地・沿革及び建築・使い方に関する研究―海浜別荘を中心とする検討」住宅総合研究財団研究年報二七号、二〇〇一年
山崎鯛介「明治宮殿の建設経緯に見る表宮殿の設計経緯」日本建築学会計画系論文集五七二号、二〇〇

三年一〇月
山崎鯛介「明治宮殿の設計内容に見る儀礼空間の意匠的特徴」日本建築学会計画系論文集五七八号、二〇〇四年四月
山崎鯛介「明治宮殿の造営過程に見る木造和風の表向き建物の系譜とその意匠的特徴」日本建築学会計画系論文集五八二号、二〇〇四年八月
山崎鯛介「明治宮殿の設計内容に見る「奥宮殿」の構成と聖上常御殿の建築的特徴」日本建築学会計画系論文集五八六号、二〇〇四年一二月
山崎鯛介「明治宮殿の設計内容に見る御学問所の用途と意匠的特徴」日本建築学会計画系論文集五九〇号、二〇〇五年四月
山崎鯛介「西ノ丸皇居・赤坂仮皇居の改修経緯に見る儀礼空間の形成過程」日本建築学会計画系論文集五九一号、二〇〇五年五月
米窪明美『明治天皇の一日―皇室システムの伝統と現在』新潮新書、二〇〇六年
若桑みどり『皇后の肖像』筑摩書房、二〇〇一年
『川島織物三十五年史』川島織物、一九七三年
『明治天皇と御巡幸』栃木県立博物館、一九七七年
『明治宮殿の杉戸絵』博物館明治村、一九九一年
『明治神宮聖徳記念絵画館壁画』明治神宮外苑、一九八六年
『明治天皇の御肖像』明治神宮、一九九八年

文化財建造物保存技術協会編『重要文化財旧函館区公会堂保存修理工事報告書』函館市、一九八三年
文化財建造物保存技術協会編『重要文化財仁風閣保存修理工事報告書』鳥取市、一九七六年
『興雲閣保存修理報告書』松江市教育委員会、一九八八年
正倉院事務所編『正倉院宝物　北倉・中倉・南倉』朝日新聞社、一九八七—八九年
『神奈川県庁物語』神奈川県出納局、一九八九年

宮内庁編『明治天皇紀』吉川弘文館、一九六八〜七七年
堀口修監修・編集『臨時帝室編修局史料「明治天皇紀」談話記録集成』ゆまに書房、二〇〇三年
園池公致「明治宮廷の思い出」『世界』一二九号、岩波書店、一九五六年
日野西資博『明治天皇の御日常』新学社教友館、一九七六年
山川三千子『女官』実業之日本社、一九六〇年
O・V・モール著、金森誠也訳『ドイツ貴族の明治宮廷記』新人物往来社、一九八八年
工学会編『明治工業史・建築篇』学術文献普及会、一九二七年
『有栖川宮総記』高松宮蔵版、一九四〇年
『高松宮日記一〜八』中央公論社、一九九六〜九九年
『熾仁親王日記』高松宮蔵版、一九三五年
我部政男他編『太政官期地方巡幸資料集成』柏書房、一九九七年
『明治天皇聖蹟—東北北海道御巡幸之巻　上』明治天皇聖蹟保存会、一九三一年

『明治天皇聖蹟志』宮城県、一九二五年
小倉博編『明治天皇聖蹟（秋田）』明治天皇聖蹟保存会、一九三六年
仙北郡誌編纂会編『辛巳迎鑾記』一九二八年
高山永三郎編『明治天皇御巡幸五十年記念帖』山形県教育会、一九二八年
『明治天皇御巡幸五十年記念展覧会写真帖』山形県教育会、一九三一年
『山形県行幸記』山形県教育会、一九一六年
手塚富五郎編『東置賜郡史』東置賜教育会、一九三九年
出羽小学校編『我が郷に仰ぐ聖駕のみあと』出羽小学校校友会、一九三一年
明治天皇聖蹟保存会郡山分会編『明治九年・明治十四年郡山巡幸記録』一九三七年
山中樵編『明治天皇聖蹟誌（新潟）』中野財団、一九二四年
斉藤秀平編『明治十一年明治天皇新潟県御巡幸六十年記念誌』新潟県、一九三八年
『明治天皇北陸御巡幸六十周年記念誌』富山県、一九三八年
千葉稲城『東宮殿下行啓記念函館奉迎記』一九一一年
上田仲之助編『春日の光』報光社、一九〇七年
角金次郎編『山陰道行啓録』稲吉金太郎、一九〇七年

著者紹介

一九六三年、神奈川県に生まれる
一九八六年、東京理科大学工学部建築学科卒業
一九八八年、神奈川大学大学院工学研究科建築学専攻修了
一九九九年、日本建築学会奨励賞受賞
現在、東海大学工学部建築学科教授

主要著書
名城シリーズ二条城(共著)　建築史の回り舞台(共著)　日本住居史(共著)

歴史文化ライブラリー
263

明治の皇室建築
国家が求めた〈和風〉像

二〇〇八年(平成二十)十一月一日　第一刷発行

著　者　小《お》沢《ざわ》朝《あさ》江《え》

発行者　前　田　求　恭

発行所　株式会社　吉川弘文館
東京都文京区本郷七丁目二番八号
郵便番号一一三―〇〇三三
電話〇三―三八一三―九一五一〈代表〉
振替口座〇〇一〇〇―五―二四四
http://www.yoshikawa-k.co.jp/

印刷＝株式会社 平文社
製本＝ナショナル製本協同組合
装幀＝清水良洋・原田恵都子

歴史文化ライブラリー

1996.10

刊行のことば

現今の日本および国際社会は、さまざまな面で大変動の時代を迎えておりますが、近づきつつある二十一世紀は人類史の到達点として、物質的な繁栄のみならず文化や自然・社会環境を謳歌できる平和な社会でなければなりません。しかしながら高度成長・技術革新にともなう急激な変貌は「自己本位な刹那主義」の風潮を生みだし、先人が築いてきた歴史や文化に学ぶ余裕もなく、いまだ明るい人類の将来が展望できていないようにも見えます。このような状況を踏まえ、よりよい二十一世紀社会を築くために、人類誕生から現在に至る「人類の遺産・教訓」としてのあらゆる分野の歴史と文化を「歴史文化ライブラリー」として刊行することといたしました。

小社は、安政四年（一八五七）の創業以来、一貫して歴史学を中心とした専門出版社として書籍を刊行しつづけてまいりました。その経験を生かし、学問成果にもとづいた本叢書を刊行し社会的要請に応えて行きたいと考えております。

現代は、マスメディアが発達した高度情報化社会といわれますが、私どもはあくまでも活字を主体とした出版こそ、ものの本質を考える基礎と信じ、本叢書をとおして社会に訴えてまいりたいと思います。これから生まれでる一冊一冊が、それぞれの読者を知的冒険の旅へと誘い、希望に満ちた人類の未来を構築する糧となれば幸いです。

吉川弘文館

〈オンデマンド版〉
明治の皇室建築
国家が求めた〈和風〉像

歴史文化ライブラリー
263

2021年（令和3）10月1日　発行

著　者　小《お》沢《ざわ》朝《あさ》江《え》
発行者　吉川道郎
発行所　株式会社　吉川弘文館
〒113-0033　東京都文京区本郷7丁目2番8号
TEL　03-3813-9151〈代表〉
URL　http://www.yoshikawa-k.co.jp/

印刷・製本　大日本印刷株式会社
装　幀　清水良洋・宮崎萌美

小沢朝江（1963～）

ISBN978-4-642-75663-1